新知图书馆 第二辑

25个 工具和机械
TOOLS AND MACHINES
科学实验

【美】史蒂芬·M.托马舍克/著　李　婧　郭巧懿/译

上海科学技术文献出版社
Shanghai Scientific and Technological Literature Press

图书在版编目（CIP）数据

20个工具和机械科学实验 /（美）史蒂芬·M.托马舍克著；李婧，郭巧懿译. —上海：上海科学技术文献出版社，2019
ISBN 978-7-5439-7879-9

Ⅰ.①2… Ⅱ.①史…②李…③郭… Ⅲ.①科学实验—初中—教学参考资料 Ⅳ.① G634.73

中国版本图书馆 CIP 数据核字（2019）第 091003 号

Experimenting with Everyday Science: Tools and Machines

Copyright © 2010 by Infobase Publishing

Copyright in the Chinese language translation (Simplified character rights only) © 2019 Shanghai Scientific & Technological Literature Press

All Rights Reserved
版权所有，翻印必究

图字：09-2019-281

策划编辑：张　树
责任编辑：于学松　苏密娅
封面设计：许　菲

---

25 个工具和机械科学实验
25GE GONGJU HE JIXIE KEXUE SHIYAN
[美]史蒂芬·M.托马舍克　著　李婧　郭巧懿　译
出版发行：上海科学技术文献出版社
地　　址：上海市长乐路 746 号
邮政编码：200040
经　　销：全国新华书店
印　　刷：常熟市人民印刷有限公司
开　　本：720×1000　1/16
印　　张：9.75
字　　数：164 000
版　　次：2019 年 6 月第 1 版　2019 年 6 月第 1 次印刷
书　　号：ISBN 978-7-5439-7879-9
定　　价：28.00 元
http://www.sstlp.com

序言

当你听到"科学"这个词时,最先想到的是什么?是否和大多数人一样,想到陈列着各种各样玻璃器皿和许多精密仪器的实验室?想到总是身着白大褂,整日埋头于各种实验,满脸严肃的科学研究人员?虽然在许多地方这种对科学家的传统看法仍然是正确的,但是实验室却不是唯一存在科学的地方。在某个建筑工地、篮球场甚至是一场你喜爱的乐队的演奏会上,都可以发现科学。实际上,科学无处不在。我们在厨房里做饭时要用到科学;画画时要用到科学;建筑师设计建筑物时要用到科学;甚至解释为什么你最喜欢的棒球选手可以打一个本垒打也要用到科学。

几个世纪以来,人类不断地对周围世界进行探索和研究,从中获得的知识不断积累成科学。科学知识的代代传承通过一系列的教育活动得以实现。所有科学教育活动的一项基本目的就是培养年轻人具有批判性思维和解决问题的能力,而这些能力是受益终身的。

科学知识教育具有学术独特性,不仅要展现事实规律、传授技能,更要培养学生的好奇心和创造性。因此,科学是主动的过程,不可能完全用被动的教学方法实现上述目标。教育工作者时常面临"科学教育的最佳途径是什么"这样的难题。尽管尚无确切答案,但是教育界的一些研究成果还是为我们带来了有益的启示。

研究表明,学生必须积极主动地参与科学实践,通过切身体验学习科学知识。我们要鼓励人们摆脱和超越书本,敢于质疑,提出新奇的设想,进行大胆的预测和假设,自己设计实验内容和步骤,并能收集相关信息,记录实验数据,分析所发现的结果,利用各种资源来拓展知识。换言之,在学习科学的过程中,不能只用耳朵"听",还必须动手"做"。这也就是学科学的最佳方法——"做"科学。

所谓"做"科学就是进行科学实验。涉及科学的课程当中,实验部分发挥着多项教育功能。在很多情况下,需要实际操作的教学活动能有效地激发学生的兴趣,有助于新课题的导入。例如,我们介绍某一有争议的实验,会激发学生的探究欲望并解开现象背后的谜团。课堂上的调查研究活动也有助于学生温故知新。根据神经科学的理论,科学实验和其他学习实践活动有助于将新知识从短期记忆转化成长期记忆。以实践活动和实验为主的"做"科学不仅有助于学生掌握科学概念,而且有助于培养当今年轻人对科学的兴趣。

为此,我们策划了这套"新知图书馆"系列丛书,汇集了天文、地理、物理、化学、生物、海洋、机械、音乐、体育、艺术、建筑、环境等多个领域的科学内容,我们将通过实验验证这些学科内容在日常生活中的应用,通过简单的实验吸引学生兴趣,使之能够进行实践操作,实现我们所说的"做"科学。丛书每个分册围绕一到两个主题设计了20~40项实验,实验所用的材料大多都是生活中常见的物品。各类实验配有插图和图解,便于抓住学生注意力,直观地传递信息。所有实验都会综合调动学生进行科学探究的各方面技能,诸如观察、测量、归类、分析以及预测等。此外,某些实验要求学生通过自己设计并完成开放式实验项目,锻炼其探究科学的能力。

书中大多数的实验都是要求在教师和成年人的指导下,以小组的形式进行的,这其中的一个好处是学生们有机会通过社会交往途径进行学习,使得学生有了集思广益和相互学习的机会。神经科学的研究成果证明,小组学习是一种有效的学习手段,人脑是具有社会属性的器官,人际交流和相互协作能提高学习的效果。

"新知图书馆"系列丛书的目标是借助实验激发学生学习科学的兴趣,传授基本的科学概念,培养批判性思维能力。当学生完全沉浸在丰富的实验环境中,他们会经历许多惊喜并得到意外收获,体验到新旧知识融合以及豁然开朗的非凡乐趣。在这样的条件下,学习活动才真实生动而又效果持久。

我们希望当你们完成这些实验时,能对身边的世界有更好的了解。也许阅读这套书并不能使你们成为一流的运动员或数一数二的科学家,但是我们希望这些实验能够激发你们去发现日常生活中的科学,也能鼓励你们把我们的世界变得更加美好。

目 录

实验前必读 ··· 1
简介 ·· 1
1. 对工具的需要 ··· 3
实验 1　石斧的楔形设计 ··· 6
实验 2　楔形工具如何作用于木头劈砍 ······································ 10
实验 3　锯齿如何影响切割 ··· 14
实验 4　用杠杆来升降 ··· 19
实验 5　测量锤子手柄长度 ··· 25
2. 工具的形式和功能 ··· 29
实验 6　在斜面上移动物体需要多大的力 ·································· 31
实验 7　螺旋状斜面 ··· 36
实验 8　用螺丝钉来固定 ··· 41
实验 9　为紧固而设计的工具 ··· 46
3. 运动中的机械 ··· 51
实验 10　表面对滑动物体间摩擦力的影响 ································ 52
实验 11　用滚杠和滑板来移动物体 ·· 57
实验 12　测量轮子直径的效应 ·· 62
实验 13　滑轮如何升起重物 ·· 67
实验 14　齿轮如何影响运动 ·· 74
实验 15　通过齿轮和链条传导的力 ·· 79

4. 为人类服务的力量 …………………………………………………… 85
   实验 16   测试弹簧材料 …………………………………………… 86
   实验 17   涡轮的旋转叶片 ………………………………………… 92
   实验 18   温度变化对气体的影响 ………………………………… 98
   实验 19   活塞运动改变压力 ……………………………………… 102
   实验 20   飞轮动量管理 …………………………………………… 106
   实验 21   制作迷你电机 …………………………………………… 111

5. 对工具和机械的控制 ………………………………………………… 115
   实验 22   测量压力 ………………………………………………… 116
   实验 23   制作测量表 ……………………………………………… 120
   实验 24   阀门如何控制液体流动 ………………………………… 124
   实验 25   阻抗电流的电阻 ………………………………………… 129

6. 编织未来 ……………………………………………………………… 135

实验前必读

在开始任何实验前仔细阅读

每项实验都包括与具体主题相关的特别安全提示。这些提示不包括那些在做其他任何科学实验时都必须注意的基本规则。因此,你必须仔细阅读下面的安全准则,并时刻牢记在心。

科学实验很容易有危险,规范的实验步骤应该包括细致的安全守则。在实验过程中随时会有意外发生,例如,材料可能会溢出、破碎,甚至着火。发生危险时你甚至来不及自我保护。在整个实验过程中,不论是否会对你造成危险,你都要严格遵守下面的安全提示,时刻警惕意外危险发生。

对每个独立的实验我们都设计了比较保守的安全预防措施。所以,我们希望你能认真对待本书中的所有安全提示。正是因为非常危险,因此你应该明确看到了这些提示。

因为时刻记住所有的规则并不容易,所以在开始每一项实验之前和准备每一项实验时都要重新阅读这些规则,这样你就会在实验的每一个危险关头注意保持安全。此外,在做那些会发生潜在危险的步骤时,你要运用自己的判断力,时刻保持警惕。虽然书中并没有提到"小心热的液体"或"不要用刀划破你的手指",但并不表示你在烧水或在塑料瓶上打洞时可以疏忽大意。书中的安全提示只是一些特别的提醒。

安全准则

粗心、仓促、缺乏知识或不必要的冒险都会引发事故，采取安全的步骤和在整个实验过程中都保持警惕可以避免上述危险。一定要阅读书中每项具体实验后附加的安全提示和遵从需要成人监督的要求。如果你是在实验室里做实验，记住不要一个人操作。如果不是在实验室里做实验，要至少3个同学一组，并严格遵守学校和各地的法律对监督人员数量的要求。请求具有急救知识的成人监护员看护，并准备好急救包。确保在实验过程中人人都知道急救员的位置。

准 备

- 在实验之前清理桌面，保持干净。
- 开始实验之前，阅读整个实验说明。
- 了解实验中的危险和可预料的危险。

自我保护

- 有步骤地遵守实验说明。
- 每次只做一个实验。
- 确定安全出口、灭火毯和灭火器的位置，关闭燃气和电源开关，准备好洗眼水和急救包。
- 确保充分通风。
- 不要喧闹嬉戏。
- 不要穿露脚趾的鞋。
- 保证地板和工作间干净、整洁、干燥。
- 立即清除溢出物。
- 如果玻璃器皿破裂，不要自己打扫，请求教师帮助。
- 把长头发束到脑后。
- 不要在实验室或工作间里吃东西、喝饮料或吸烟。
- 除非有知识丰富的成人明确告知，否则不要食用任何实验用的材料。

小心使用器材

- 不要把仪器竖立在桌子边缘。
- 小心使用刀子或其他尖锐的仪器。
- 拔电源插头,而不是拔电线。
- 使用前后都要清洗玻璃器皿。
- 检查玻璃器皿的擦痕、裂痕和尖锐边缘。
- 玻璃器皿破碎了要立即通知老师。
- 不要让反射光照射你的显微镜。
- 不要触摸金属导体。
- 小心用电。
- 使用酒精温度计,而不是水银温度计。

使用化学品

- 不要品尝或吸入化学品。
- 在盛有化学品的瓶子和仪器上贴好标签。
- 仔细阅读标签。
- 避免化学品接触皮肤和眼睛(戴安全镜或护目镜、实验用围裙和手套)。
- 不要触摸化学溶液。
- 使用溶液前后要洗手。
- 彻底清除溢出物。

加热物质

- 在加热材料时戴安全镜或护目镜、围裙和手套。
- 使你的脸远离试管或烧杯。
- 当在试管里加热物质时,避免把试管的顶端对着其他人。
- 使用耐热玻璃制成的试管、烧杯和其他玻璃器皿。
- 不要使仪器处于无人看管状态。

- 使用安全钳和耐热手套。
- 如果你的实验室没有耐热工作台，把本生灯放在耐热垫上之后再点燃。
- 点燃本生灯时要注意安全；点燃本生灯时保持通气孔关闭，使用本生灯专用打火机而不用火柴。
- 使用电炉、本生灯和燃用气体完毕后立即关闭。
- 使易燃物远离火焰或其他热源。
- 手边准备一个灭火器。

实验结束

- 彻底清理你的工作场所和任何使用过的玻璃器皿。
- 洗手。
- 小心不要把化学品或污染了的试剂放入错误的容器。
- 不要在水槽里处理材料，除非要求这样做。
- 清理所有的残留物，把它们放到正确的容器里进行处理。
- 按照各地法律规定处理化学品。

随时保持安全意识！

简 介

  当你听到工具和机械这两个词语,你首先会联想到什么呢?钳子、扳子还是工厂里的机床和建筑工地上的搅拌机?上述事物绝对属于工具和机械的范畴。然而除此以外,生活中到处都是工具和机械的身影,不仅仅在工业和建筑领域,也在每天的日常生活里。正是各种各样的工具和机械让我们的生活变得便捷高效、舒适文明。那又是什么赋予了它们这么奇妙而伟大的魔力呢?在自然界中,有很多物理规律,人类通过不断地探索,发现并总结了这些原理,不断地进行尝试,应于用具体实践发明制造出不同的工具和机械,创造了一个又一个奇迹,使我们的生活不断发生变革。由于遵循和利用的物理规律不同,工具和机械有简单的也有复杂的,而且大小形态不一。想要了解人类创造工具和机械的这个探索过程吗?想要亲自来体会形形色色工具和机械的奥妙吗?在这本实验书中,你可以通过亲自动手找到答案,这就是"做"科学的乐趣。

对工具的需要

  人类的确是出奇的创造家。与地球上其他动物相比,我们人类似乎有着明显的缺陷。鸵鸟跑得比我们快,大象的力气比我们大,狮子可以将我们撕成碎片,蝙蝠有更好的听力,鹰有更好的视力,就是蚊子和黄蜂都有着特有的刺。尽管有着众多的这些缺憾,人类仍然是相当出色的一个物种。那是因为与其他的动物不同,人类可以自己制造工具。人类使用工具塑造和发展了世界,工具也使得我们能够适应地球上的不同环境。事实真相是没有工具,人类很可能在很久以前就灭绝了。

  当人们听到工具这个词语,通常会联想到锤子、螺丝刀甚至链锯。然而工具并非仅限于建筑领域的使用。事实上,不使用特定的工具,我们连几分钟的正常生活也不能够维持。当你刷牙的时候,你在使用工具。当你吃麦片或往面包圈上涂黄油的时候,你也在使用工具。就连铅笔和钢笔也是专门的工具。通常意义下,工具可以是为了完成一项工作,或者让某个任务变得更容易完成的任何装置。一些工具,如缝衣针和扳手,是简单的工具。它们借助人手的力量就可以展开工作。有的工具,比如桌锯或者钻床,就复杂了。它们有很多活动部分,如马达或者引擎来驱动它们工作。

  现在,人们用各种工具去处理各种各样的困难工作。在五金商店或者家居装潢店,你可以找到数百种不同的装置去完成所有的任务。有些工具,如多功能钳子可以有多种用途。其他的,比如转矩扳手就是为了某种单一工作任务而设计。不考虑工具的尺寸、使用和复杂性,我们制造和使用工具的能力是人类发展的驱动力。工具使人类从简单的游牧者和拾荒者脱离出来,变成宇宙的探索者和移山者。

没有人知道确切的人类制造和使用工具的开始时间,但是很多科学家相信至少250万年前人类就开始这么做了。我们不知道准确的时间,是因为我们不确定第一个工具长的什么样子。加之对那个时代的历史记录比较零星,因此找到真实的人工制品非常困难。

非常早期的一些工具由石头做成。它们看上去与岩石很像,你可以在地上随处找到。事实上,除非你受过训练去辨别工具,否则你很可能就在这些岩石上走着,而没有丝毫的察觉。很多科学家相信,在制造工具之前,早期人类开始使用石头去完成不同的任务。小而圆的石头可以用来砸碎坚果、砸碎动物的骨头获取骨髓。具有锋利边缘的岩石可以用来切割动物的皮毛和坚硬的植物,如葡萄藤。

久而久之,人类发现他们不需要浪费时间去寻找特殊形状的石头。取而代之的,他们发现可以用一块石头去凿另一块石头,并使其变成适合完成某项工作的形状。他们学会了制造工具以帮助他们度过生活中的每一天。

第一个"巧手人"

为了特殊用途有意识地制造工具,是人类与其他的动物王国脱离的特征之一。最早的人类制造工具的探索者之一是能人。能人生活在200万年前。1960年,玛丽·利基(Mary Leakey,1913—1996)和路易斯·利基(Louis Leakey,1903—1972)在坦桑尼亚奥杜威峡谷发现了第一个能人的化石。利基夫妇在奥杜威峡谷工作几年之后,发现了许多由石头凿成的简单工具。最后他们发现与工具在一起的骨头化石,路易斯证明了这就是最早的制造工具的人类遗骸。在另一个科学家雷蒙·达特(Raymond Dart,1893—1988)的建议下,他给这个物种起名叫作能人,拉丁语的意思是"巧手人"。

许多科学家质疑能人是否是第一个工具制造者,甚至怀疑能人是否是现代人类的直接祖先。但无论如何,都表明人类在很久以前就开始制造工具了。

根据考古记录,表明第一种人造工具是由圆的、拳头大的石头制成的斧子。制造一把斧子是很容易的流程。用同等硬度或者更硬的石头来击打另一块石头,直至石头边缘呈锯齿状,以用来切割动物的皮毛、肌腱、小树枝和树藤。

能人是最早的工具制造者,这个物种用石头制造简单工具。在坦桑尼亚和肯尼亚的遗址里,能人经常被埋葬在这些灵长类制造的原始石头工具附近。

"实验1 石斧的楔形设计"体现了石斧切割自然材料的有效性。

实验 1　石斧的楔形设计

题　目

简单的石斧是否为有效的切割工具？

简　介

现在人们有了很多用于切割的工具。刀、剪刀、锯、斧等都可以用于剪切、劈砍、削割布料、绳子、木头甚至钢铁。这些工具的每一种都是楔形工具的实例。楔形是一端厚，另一端逐渐变尖细至薄边的一种工具。

在人们制造金属工具之前，他们用石头、木头和骨头制造简单的切割工具。考古学家告诉我们，第一种工具就是石斧，用于切割从动物皮毛到树藤等所有的东西。在这个实验中，你将通过测试看到在切割绳子的过程中，简单的石斧是如何有效地工作的。

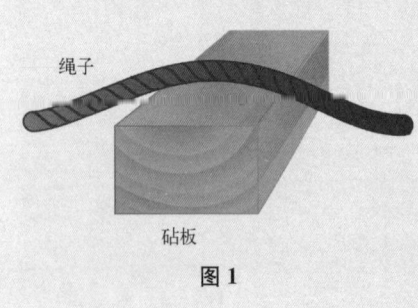

图 1

实验时间

45 分钟

实验材料

- 拳头大小的圆石头
- 拳头大小的有锋利边缘的石头
- 5厘米×10厘米、30厘米长的木块或者相似的木块
- 两根60厘米长的尼龙绳或者棉线绳
- 防护眼镜
- 安全手套

安全提示

本次实验要求在成人监督下进行。确保实验中,你及周围的人佩戴防护眼镜和安全手套。请仔细阅读并遵守本书"实验前必读"中的"安全准则"。

实验步骤

1. 戴上工作手套。拿起一根绳子,用双手抓住。试图将绳子拉断成两部分,记录下结果。

2. 将木块放在坚硬的平面(桌子或者地板)上。将一根绳子拉直越过木头中央(见图1)。一只手抓住圆石头,小心地砸绳子越过木块的部分。重复做20次。在用石头砸的过程中,一定要确保每一次都击中了绳子的同一个位置。小心不要用石头砸到手指。

3. 拾起你刚刚砸过的绳子,并仔细地观察它。绳子的纤维发生了怎样的变化?记录下你观察到的情形。试图将绳子拉断,并记录结果。

4. 拿起第二根绳子,用双手抓住。试图拽断绳子并记录结果。重复第二步,将第二段绳子放在木块上。拿起边缘锋利的石头,用锋利的边缘砸绳子20次,如同第二步用圆石头砸的一样。

5. 拾起你刚刚用边缘锋利石头砸过的绳子,并仔细地观察它。绳子的纤维发

生了怎样的变化？记录下你观察到的情形。试图将绳子拉断,记录下你的结果。

分　析

1. 用圆石头砸绳子的效果是什么？为什么？
2. 用锋利边缘的石头砸绳子的效果是什么？为什么？
3. 根据实验的结果,你会如何提高第二块石头的切割能力？

实验中将会发生什么？

为了让一个物体成为有效的切割工具,物体至少有一边应是楔形的。边缘越锋利,切割越省力。现代切割工具有着十分锋利的边缘,使得它们能够容易地切断和分离被切割物体的结构。早期人们发现,在剪切和削割材料时,有自然锋利边缘的石头比圆石头更好用。圆石头通过砸碎纤维来破坏结构；楔形石头则能够将纤维割断,更容易地分离物体。

实验结果

1. 用圆形的石头砸绳子,会让一些纤维得到破坏,但是或许不足以让你拉断绳子。
2. 用楔形的石头砸绳子,会切割纤维并甚至使其断裂。这是由于楔形边缘切断了绳子的纤维。
3. 如果你要提高锋利石头的切割能力,可以使用另外一块石头打磨边缘,使其变得更光滑,更有锥度。锥度越小,切割工具越锋利。

用楔形工具工作

尽管简单的石斧能够帮助早期的人们完成很多任务,但它们的功能还是很有限的。通过不断试验和修正,人们最后发现将切割边的两面都变得尖锐起来,就可以制造出更好用的工具。他们用一个叫作"石锤"的石头来逐步地削薄石斧的边缘。与简单的石斧不同,斧头有着更锋利的刀刃,具备更强的切割能力。

石斧和斧头都是楔形工具的例子。许多今天使用的普通木工工具也都是从最初的简单楔形设计演化而来。楔形工具，可以用于割木头、劈木头、刨木头。在"实验 1 石斧的楔形设计"中，我们看到了楔形工具如何被用于切割。在"实验 2 楔形工具如何作用于木头劈砍"中，我们将检验一下，哪种楔形工具在劈砍木头过程中最有效。

这把短柄小斧头与斧子很像，也是楔形工具的一种，一端厚，另一端变薄，薄到一个点或者一条边。它被用来完成切、劈和割的工作。

实验 1 石斧的楔形设计

实验 2　楔形工具如何作用于木头劈砍

题　目

砍木头时所使用楔形工具的形状，能影响工具使用起来的效果吗？

简　介

我们今天使用的许多工具都有楔形的设计。刀、螺丝刀刀刃、斧子的头和凿子都是各种楔形工具的例子。其中一些是专门为切削设计的，其他的用于劈砍。楔形的具体形状决定了工具更适用于切削还是更适用于劈砍。在这个实验里，你将通过测试看到楔形的角度如何影响它在劈砍木头时的效果。

实验时间

45 分钟

实验材料

- 锤子
- 一字螺丝刀
- 粗的钢凿（用于劈砖的那种）

- 两条 5 厘米×10 厘米、15 厘米长的木头
- 防护眼镜
- 安全手套

安全提示

本次实验要求在成人监督下进行。确保实验中,你及周围的人佩戴防护眼镜和安全手套。请仔细阅读并遵守本书"实验前必读"中的"安全准则"。

实验步骤

1. 戴上安全手套和防护眼镜。拿起螺丝刀并贴近观察。描述它的形状。预测一下,当你用锤子敲击螺丝刀进入木头时会发生什么情形。

2. 取一块木头放在坚硬平面上,比如桌子或者地板。如果可能,让另一个人帮助你固定住木块。确保他们也戴上了安全手套及防护眼镜。拿住螺丝刀,将刀刃垂直向下扎在木块中间(见图1)。

3. 用锤子轻轻地敲击螺丝刀手柄 10 次,会使刀刃钻进木头。注意不要让锤子伤到其他人的手指。观察木头的变化情况。在数据表里写下你的观察记录。

4. 拿起凿子贴近观察。比较一下凿子与螺丝刀的形状。尤其注意楔形的角度。在螺丝刀刚才发生的情形基础上,预测一下用锤子叩击凿子进入木头时会是什么情形。

5. 取第二块木头,像对待第一块木头一样,将其放在坚硬平面上。将凿子放在第二块木头上,扎在与第二步中螺丝刀相同的位置上。用锤子敲击

扁头螺丝刀

木块端面

图1

实验2 楔形工具如何作用于木头劈砍

凿子 10 次,使其穿入木头。观察木头的变化情形。

分　析

1. 当你敲击螺丝刀进入木头的时候发生了什么情形?
2. 当你敲击凿子进入木头的时候发生了什么情形?
3. 哪一种工具需要你用更大的力气才使其穿进木头?为什么?
4. 如果你在火场环境下需要劈开圆木,什么样的楔形工具更好用些?

实验中将会发生什么?

很多木工工具都是楔形的。由于用途不同,楔形的角度也不同,这些工具呈现出不同的形状。像螺丝刀这样的,楔形很尖且薄刃的,在穿入木头时需要不大的力气即可,并且木头不会开裂很严重。这是因为楔形角度很小,穿入时只破坏了很少的木头纤维。像凿子那样的,有较厚边缘的楔形工具则比较钝。当它们穿入木头的时候,会分裂更多的纤维组织。这给木块施加了很大的力量。如果使用足够大的力气,木头是会彻底裂开的。木匠用不同的楔形工具来工作。每一种工具都有自己独特的形状。刨子的一边有很薄的刃,因此是刨平木头表面的理想工具。木槌有厚的边缘,特意设计用于劈开木头。总而言之,工具上楔形部分的角度越小,边缘越薄,使用起来就越省力气。

实验结果

1. 当用锤子敲击螺丝刀,刀刃比较容易地穿入木头,但木头没有开裂很多。
2. 当用锤子敲击凿子,会感到比较大的阻力,即便木头没有彻底开裂,木块也显现出明显的开裂特征。
3. 由于凿子尖端比较钝,是更宽厚的楔形,这要求用更大的力气才能使它穿入木头。
4. 如果你要劈开圆木,你应该使用尖端很钝的非常厚的楔形工具。

楔形工具在现代世界的应用

现在楔形工具已经被用于不同的工作领域。很多门挡就是木头或者橡胶制成的楔形装置。门挡塞在门的下沿及地板之间。这种楔状物，使门离开地板并保持开的状态。楔形同样可以使门保持关闭状态。靠近了观察门上的球锁，当你旋转门锁把手，一个楔形的金属物就在门框内进或出。这个简单的设计使门一带上就可以锁住。楔形设计也可以用于拉链。大多数拉链有两行链齿，当拉链头滑过它们的时候就会紧紧地锁在一起。如果你仔细观察拉链头的内部，你会看到两个楔状的导引。当拉链头划过链齿，两个楔形使它们规则排列并啮合在一起。当你打开拉链，这两个楔形便撬开链齿使其分离。

楔形并不是扁平的才能够被使用。缝衣针、大头针、锥子都是楔形，只不过是圆柱形状。铅笔尖和叉子齿都是楔形。在建筑领域，最重要的楔形体现为简单的钉子。当你把一颗钉子钉入木头，钉子尖迫使木纤维分裂，在板子上形成压力。这种压力使钉子钉住木头并一直保持住，让很多建筑物体连接在一起。

当然，在你把两片木头钉在一起之前，你要将木头切割好。今天，几乎所有房屋和其他建筑工程使用的木料都由锯来切割。与手斧相比，锯是相当现代的发明。第一种锯直到人们能制造金属工具才出现。尽管许多用来劈砍的石头工具都有锯齿的边缘，但它们并不是锯。人们用这些工具来砍伐木头遇到了很大的问题。大多数石头工具，如手斧，是有着相当厚边缘的广角楔形。这样的边缘致使工具很难砍进木头太深。如果用它前后来回地切割，斧头宽的一边就会卡在砍出的凹槽里。而且在切割的时候，石头的边缘将木头纤维留在凹槽内。锯末子会塞满凹槽，使切割无法继续向深处进行。

为了让锯更好地工作，需要使用不同的设计。不是简单地劈砍木头，而是要通过锯齿切割木头，而且在锯齿前后滑动的过程中移除木头纤维。从动物牙齿得到启示，人们设计出这样的锯齿。一些科学家相信猎人们曾使用动物的下颌骨切断小树枝，比如鹿。使牙齿在木头上不断滑动，最终切断木头的纤维，形成相对整齐的纵切。第一把金属锯看上去像一把巨大的厨刀，沿着刀刃边缘是一行楔形的锯齿。在"实验3 锯齿如何影响切割"中，你会发现锯子独一无二的设计，让它在切割木头时有多么的好用。

实验 3　锯齿如何影响切割

题 目

锯齿的大小和形状会影响锯在切割木头时候的效果吗？

简 介

据考古记录记载,最初的锯在大约 4 000 年前出现,这正好是人类开始制造铜器的时间。公元前 1500 年古埃及的图画,展示了工人们用一种小锯在锯木头。弯弯的锯齿状的金属刀刃安在木头手柄上。这些早期的锯大概是大切肉刀的大小,从木头表面锯穿,实现切断的目的。在这个实验里,你将通过测试看到为什么锯刃能够容易地锯断木头,锯齿的大小如何来控制锯刃切割的方式。

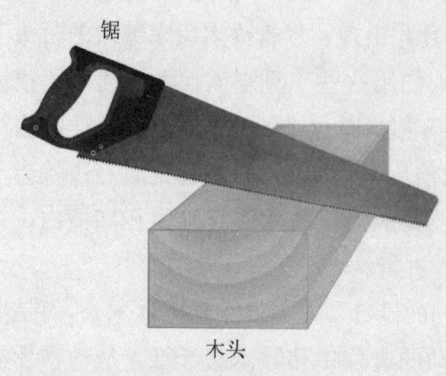

图 1

实验时间

45 分钟

实验材料

- 用来切割木头的大齿横切手锯
- 小齿的弓锯或线锯
- 米尺
- 5厘米×10厘米、30厘米长的木块或相似尺寸的木板
- 防护眼镜
- 安全手套

安全提示

本次实验要求在成人监督下进行。确保实验中,你及周围的人佩戴防护眼镜和安全手套。请仔细阅读并遵守本书"实验前必读"中的"安全准则"。

实验步骤

1. 戴上安全手套和防护眼镜。拿起小齿的弓锯贴近观察锯刃。用尺子测量锯齿的长度。观察锯齿的形状并记录下来。

2. 拿起一块木头放在坚固的平面上(桌子或者工作台)。如果可能,请其他人来帮助你固定木块。确保他们也戴上了防护眼镜和手套。握住弓锯把手,从木头上表面开始拉锯。观察锯切割的方向,以及锯木头时候锯末是什么样子的。拉锯5下之后,从木头上移开手锯,检查形成的凹槽。比较凹槽的宽度与锯齿的宽度,记录下观察到的数据。

3. 拿起大齿的横切手锯贴近观察锯刃。用尺子测量锯齿的长度。观察锯齿的形状并记录下来。

4. 握住横切手锯手柄,并将其放在木头上,离弓锯凹槽7.5厘米远的地方。从木头上表面开始拉锯。观察锯切割的方向,以及锯木头的时候锯末是什么样子。拉锯5下之后,从木头上移开手锯,检查形成的凹槽。比较凹槽的宽度与锯

齿的宽度。然后比较两次形成凹槽的宽度，记录下观察到的数据。

分　析

1. 基于你的观察，弓锯的切割是沿什么方向，什么时候你要推锯，什么时候你要拉锯？横切手锯切割起来又是沿什么方向呢？
2. 每次凹槽的宽度和开槽的锯刃宽度比起来如何？想想为什么会是这样的结果？
3. 两次形成的凹槽宽度比起来如何？想想为什么会是这样的结果？
4. 两次形成的凹槽深度比起来如何？想想为什么会是这样的结果？
5. 哪一把锯开更宽的槽，却需要更少的力？

实验中将会发生什么？

当锯子锯进木头，形成的凹槽叫作切口。为了防止锯刃无法动弹或者活动不畅，切口必须要比锯刃本身宽一些。为了达到这个目的，锯齿都是以相对的方向一直沿着刃的边缘被"安"在锯刃上的。如果你观察两种锯刃，你会看到一半的锯齿弯向左，另一半弯向右。当锯子锯木头的时候，还需要将锯末带出切口，否则锯末花会塞满凹槽使锯刃陷住不动。为了达到这个目的，几乎所有锯的锯齿都轻微地弯曲，这样才能在切割的时候刮出凹槽内的锯末。

大多数锯只能沿一个方向切割。总体而言，弓锯和线锯那样锯刃小而薄的锯子借助拉力来工作，具有大而厚锯齿的锯子则借助推力来工作。这是因为薄刃比厚刃更容易弯曲。借助拉力来切割，薄刃会一直保持笔直的状态。如果用推力，薄刃的锯就会弯曲。加之力气过大，推力就会让锯刃突然断裂。

总的来说，锯刃的锯齿越大，使用起来就需要更大的力气。大的锯齿也会形成更宽、边缘更粗糙的切口。相对于大锯齿的粗糙切割，小锯齿的锯刃用于更精细、微小的切割。

实验结果

1. 大多数弓锯借助拉力工作，而大多数横切锯借助推力工作。

2. 两次锯木头形成的切口都要比锯刃宽。这是由于在锯刃的边缘,锯齿向左或右轻微地弯曲。这使得锯在不断切入木头的时候,不会陷入凹槽不动。

3. 大锯齿形成的凹槽更宽,这是由于锯齿更长,更弯曲一些。

4. 大锯齿在穿过木头的时候,形成的凹槽更深一些,由于锯齿更大,刮出了更多的纤维。

5. 小锯齿的锯使用起来更省力,因为小锯齿割木头的时候每一下锯的都不那么深。

石锯和水泥锯

在开始出现的时候,不是所有的锯都有楔形的锯齿。石锯和水泥锯就用了不同的工艺。不是在锯的表面用楔形来切割、劈砍,而是使用研磨剂来研磨从而穿透石头。为了达到这个目的,锯刃上的研磨剂必须比被切割的石头坚硬。现在最常用的两种研磨材料是碳化钢和工业金刚石。然而,石锯并不是现代的发明。在古埃及,人们也用一种研磨剂来切割石头。考古学家相信他们使用的石锯没有锯齿。相反,这些装置就是简单地在石头表面反复来回滑动。切力形成的秘密,就是他们在锯刃下放置了湿石英。石英比埃及人切割的很多矿物都要坚硬。这些早期石锯的实物尚未被发现,然而科学家们有几条证据表明它们的存在。古代图画展示劳动者正在用与锯相似的器具切割石头,而且许多埋葬地点的石棺棺盖上有锯过的痕迹。

机械使一切变得简单

人们通常不会认为一些简单的东西,如手斧和锯是机械。在我们现代社会,机械一词通常用来形容由引擎或电机驱动的复杂机械装置。严格意义上说,简单工具也是机械:它们使机械能转变为有用的工作。对于科学家来说,工作一词代表将一个物体移动了一定距离。多年来,科学家们总结了6种基本的机械类型,这些类型都可以归结于简单机械。我们已经讨论了其中的一种楔形。其他的5种是螺旋、斜面、杠杆、轮轴、滑轮。

顾名思义,简单机械这些装置是基本的,它们几乎没有活动的部分。它们非常重要是由于它们表现为很多形式,并经常被应用到更大的复合机械中。

简单机械工作就是将力传导经过一段距离。如果你回忆"实验 3 锯齿如何影响切割",小齿锯与大齿锯相比只需较小的力气来使用,但是需要来回拉动更多的次数达到同一深度切口。在接下来的两个部分我们将看一看所有的简单机械都是如何工作的。首先我们将体验杠杆的原理。

观察杠杆

与楔形一样,杠杆被应用于许多地方。杠杆可应用于操场上的跷跷板,也可以应用于马桶冲水手柄。在早期,人们发现杠杆可以协助他们完成楔形无法单独完成的任务。举例来说,打猎。尽管手斧在动物被杀死后,在扒皮和分割上派上很大用场,但是它在打猎过程中用处不大。这是因为,使用手斧必须要十分靠近动物。这对于一些跑得飞快的动物来说没有用,比如鹿,可以很轻松地跑开。猎人可以向大动物投掷手斧,除非位置十分精确,不然斧子就会从动物的皮毛上反弹回来。

有一个很简单的解决办法。把刃安在长棍的尾端,矛就诞生了!科学家不确定人类制造和使用矛的准确时间,但是有证据显示,至少 10 万年前就有矛的存在。在人类用矛来打猎之前,人们很可能使用削尖的植物根形成的尖棍。矛利用了杠杆的机械效益,所以是对人来说十分有用的一个武器。在"实验 4 用杠杆来升降"中,我们可以分析杠杆如何作用,你将可以亲自看到杠杆的力量来源于哪里。

实验 4　用杠杆来升降

题　目

支点的位置能够影响杠杆的机械效益吗？

简　介

杠杆是一种简单的机械。简单机械就是向使用者提供机械效益的装置。在科学上，功是一个物体从一个地方移动到另一个地方完成的。每一个物体，从最轻的羽毛到最重的岩石，都需要一个力来移动它，这被称作阻力。施力力量就如同它的名字，是一种做功的力量。如果施力力量大于物体的阻力，物体就被移动，就完成了做功。

所有的简单机械都会减少用以完成任务的施力力量，它们加长了施力的距离。机械降低施力力量的程度，就被称作机械效益。简单机械形成的机械效益，就是通过用更少的力使物体移动的更远。最后，不论你是否使用机械，做的功都是一样的。

杠杆由两部分组成：一根杆子和一个支点。杆在以支点为轴移动，支点将杆分成两个部分，成为力臂（图1）。放置被移动物体（被称为负载）的力臂是阻力臂，你用来施加力量的力臂是施力臂。在这个实验中，你会发现移动支点的位置会产生更大的机械效益。

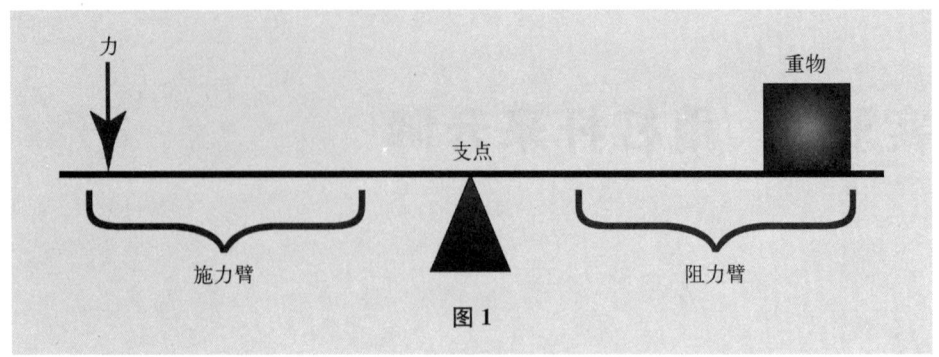

图1

实验时间

30 分钟

实验材料

- 30 厘米长的尺子
- 铅笔
- 4 枚硬币

安全提示

本次实验要求在成人监督下进行。确保实验中,你及周围的人佩戴防护眼镜和安全手套。请仔细阅读并遵守本书"实验前必读"中的"安全准则"。

实验步骤

1. 将铅笔放在尺子15厘米刻度处的下方,成为一个杠杆装置。尺子的两端应该在铅笔上保持平衡。在这个装置中,铅笔扮演了支点的角色。将2枚硬币放在 30 厘米刻度处,一枚放在"0"刻度处。杠杆应该向一边倾斜。记录你的观察情形并解释发生的理由。

2. 不要拿走硬币,改变支点的位置,由此两边再次形成平衡的状态。记录下使尺子平衡的这一点在尺子上的厘米刻度。

3. 保持铅笔在新的支点处,想象一下如果在 30 厘米处的 2 枚硬币上继续加上第三枚,会发生什么情形。加上第三枚硬币,并记录下观察到的情形。

4. 如果你想要尺子的两端再次平衡,猜想一下你应该如何改变支点。试着让杠杆再次平衡,并记录下观察到的情形。

分 析

1. 基于你的观察,尺子的哪一端是施力臂,那一端是阻力臂呢?为什么?
2. 为了让重的一端与轻的一端保持平衡,要向哪个方向移动支点的位置?
3. 为了平衡 3 枚硬币,杠杆的哪端更长:阻力臂还是施力臂?
4. 基于你的观察,移动支点的位置是如何改变杠杆的机械效益的?

实验中将会发生什么?

在杠杆装置中,支点的位置决定了杠杆机械效益的数额。当支点位于杆的正中,施力臂和阻力臂长度相同,机械效益也是相同的。这意味着,要想移动负载,需要在施力臂施加与负载阻力相等的力量。增加杠杆机械效益的一个方法就是将支点移动靠近负载。这使施力臂比起阻力臂,得到了加长。当你用 1 枚硬币升起了 2 枚硬币,杠杆的机械效益加倍。当然你并不是不劳而获,你需将杠杆上下移动的更远。这个情况下,施力臂是阻力臂的 2 倍长。当你用 1 枚硬币升起了 3 枚硬币,杠杆机械效益变为原来的 3 倍,施力臂也变为阻力臂的 3 倍。

实验结果

1. 放置多枚硬币的力臂是阻力臂,它承载了负载。放置 1 枚硬币的力臂是施力臂。
2. 为了使用更轻的重量,升起更重的重量,支点必须靠近有负载的一端。

这加长了施力臂。

3. 当用 1 枚硬币升起 3 枚硬币,施力臂比阻力臂长得多。

4. 在杠杆装置中,移动支点的位置靠近负载,会加长施力臂,从而提高机械效益。

投掷器与攻城

矛与手斧相比是更好的打猎工具,但是矛的作用仍然十分有限。即便是最好的矛,在刺穿动物皮毛时也会遇到困难。到了公元前 1.5 万年,猎人已经发现

澳大利亚金伯利土著部落的成员使用投枪。通过将梭镖放置在投枪或者投掷器上,人的手臂长度增加,为投掷提供了更大的力量。

可以使用另外的杠杆装置投掷器来发射梭镖,以提高简单矛的作用。被古阿兹特克人称作阿特拉托的投掷器,通常由木头、鹿角、骨头制成,看上去像一端具有V形分叉的长棍。

梭镖投掷器加长了猎人的手臂,使他获得了更大的机械效益。梭镖的末端放在V形分叉上,猎人握住投掷器的另外一端。当猎人转体扔出梭镖,更长的施力臂(猎人手臂加上投掷器长度)意味着矛会以更大的力气掷出,这使得矛有更大的冲力刺进动物的皮毛。今天,因纽特人仍使用这类装置来投掷渔叉,这是人类使用的主要的捕猎工具,直至弓箭将其替代。在中世纪,杠杆在战争中起到了主要的作用。在大炮被发明之前,军队攻下石头堡垒或者城堡的唯一方法就是用攻城坦克发射巨石展开攻击。投石机是这些装置中最重要的一种。投石机发明于公元100年的中国,使用巨大的杠杆投掷巨石或其他射弹。巨大的杠杆不平衡地放置在支点上。短的一端是施力臂,悬挂沉重的负荷(通常是箱子或者石头)。长的一端是阻力臂,安装了系有石头或其他射弹的大吊索。与弩炮从弹簧获取力量不同,投石机利用负荷的移动来发射炮弹。在投石机发射前,要有一群人将阻力臂拉下来,将施力臂高高举起,负荷远离地面。当发射指令下达,负

投石机利用负荷的移动来远程发射重物:释放悬挂在横梁短的一端的负荷,将这一端拉低,同时将力量传递到横梁的另一端,从而射出物体。

实验4　用杠杆来升降

荷被释放。重力牵拉这端落向地面,力量通过支点被传递到横梁的另一端发射石块。在14世纪,一些巨大的投石机能够将重达100千克的石块发射出150米远。这差不多是两个足球场的长度了。

杠杆在现代世界的应用

无论你转向何方,你都能够看到杠杆在工具中的体现。任何有手柄的工具都利用杠杆实现机械效益。牙签、铲子、耙子和扫帚都是这类工具的例子,通过手柄获得额外的杠杆效用。在"实验5 测量锤子手柄长度"中,你会发现手柄对于现代工具而言是多么的重要。

实验 5　测量锤子手柄长度

题　目

锤子手柄的长度能够影响它向木头里钉钉子吗?

简　介

考古学家告诉我们大约 3.5 万年前,人们发现给石斧的头安装上手柄使用,要比直接将石斧握在手里更能发挥独特的功效。今天,我们认为这个简单的发明是理所应当的。没有手柄,工具比如锤子、小斧子和切肉刀就不便于使用。手柄扮演了杠杆的角色。所有的杠杆转动时都有一个点:支点。在锤子的手柄上,支点就是握住锤子手柄的人的手腕。如果这个人改变了握住手柄的位置,他就改变了支点的位置。这影响工具工作时是否便于使用。在这个实验中,你将发现手柄是你用于击打的工具的重要附加物,试着去观察改变手柄的长度如何影响你在完成工作时的难易程度。

实验时间

30 分钟

实验材料

- 锤子
- 尺寸相同的 3 根大钉子
- 3 块 5 厘米×10 厘米、15 厘米长的木头
- 尺子
- 防护眼镜
- 安全手套

安全提示

　　本次实验要求在成人监督下进行。确保实验中,你及周围的人佩戴防护眼镜和安全手套。请仔细阅读并遵守本书"实验前必读"中的"安全准则"。

实验步骤

1.戴上防护眼镜和安全手套。用尺子测量 3 根钉子,确保它们长度相同。

2.拿起锤子,然后你直接握紧锤子头。手柄冲着远离你的方向(见图 1)。用另一只手扶稳一颗钉子,扎在木块的中央。用锤子敲钉子 5 下。小心不要砸到你的手指。当你敲击钉子 5 次之后,使用尺子测量钉子露在木头外的长度。

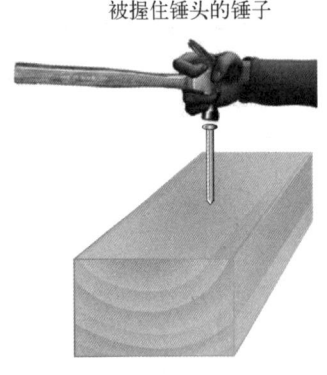

图 1
被握住锤头的锤子

图 2
握住手柄用锤子

3. 取第二根钉子和第二块木头。这次握在手柄的中间来使用锤子。用锤子敲钉子5下。当你敲击钉子5次之后,使用尺子测量钉子露在木头外的长度。

4. 取最后一颗钉子和木块。握住手柄使用锤子,但是要尽量握在手柄的末端。用锤子敲钉子5下。当你敲击钉子5次之后,使用尺子测量钉子露在木头外的长度。

分　析

1. 基于你的数据,改变锤子手柄的长度如何影响锤子的好用程度?
2. 在哪一次尝试中,你感觉手握锤子的位置是最舒服的?为什么?
3. 在哪一次尝试中,锤子最大限度地完成了工作?你是如何知道的?
4. 如果你要去砍一棵树,你会选用哪种手柄的斧头,长柄的还是短柄的?为什么?

实验中将会发生什么?

当你使用锤子的时候,手柄扮演了杠杆的角色。一个杠杆有两条力臂,施力臂是你施加作用力的一端,阻力臂是力作用的一端。在锤子手柄的例子里,你的手腕是支点,你自己的胳膊是施力臂。锤子的手柄相当于你自己手臂的延伸。手柄越长,锤子头部作用的力会越大。然而杠杆不会提供"自由能量"。当你挥动较长的手柄,你需要使它产生更大的位移。额外的位移转化成了额外的力量。

握住手柄的位置越靠近末端,除了能够获得更大的作用力以外,你还会获取对工具更大的操控性,减少了不必要的位移。

实验结果

1. 总的来说,装置(如锤子)上的手柄越长,使用者每次获得的击打力量越大。长的手柄提高了装置的效率。

2. 使用工具时的舒适性取决于使用者。总的来说,使用工具最舒服的位置,是当它在使用者手中得到平衡。所以当你握住锤子的时候,你会觉得靠近手柄中间的位置是最舒服的。

3. 在第三次实验里，锤子手柄最长的情况下，锤子完成的工作最多。第三组数据显示出钉子在这次实验中钉入木头的深度，比其他两次都要深。

4. 长柄的斧头要比短柄的斧头拥有更大的机械效益。

杠杆的分类

不是所有的杠杆都用同一模式创造出来。科学家根据支点的位置和如何施力，将杠杆分成3类：

第一类杠杆，支点在负载和施力点中间。在这类杠杆里，作用力和阻力向着相同的方向。钳子和平衡秤是第一类杠杆的实例。

第二类杠杆，支点在一端，负载在支点和施力点之间。作用力和阻力向着相反的方向。手推车是第二类杠杆的实例，轮子就是支点。

第三类杠杆，作用力施加于支点和阻力之间。像第二类杠杆那样，阻力和作用力向着不同的方向，但是作用力的施力点位于支点和阻力之间。使用者需要用大于阻力的作用力。你在"实验5 测量锤子手柄长度"中用到的锤子就是第三类的实例。这类杠杆的好处就是你可以得到额外的操控性。第三类杠杆的最重要实例之一，就是马桶的冲水手柄。

工具的形式和功能

"需求是发明之母",这个谚语经常用于解释为什么人们不断发明新的装置来解决问题。当面对一个特殊的问题,人类总是有发明新装置或工艺来解决问题的激情。这个观念在工具和机械发展领域尤为正确。事实上,这也正是为什么现在我们拥有这么多种类工具的原因。早期人们只有几种基本的工具帮助他们切、刮、锤和砍。捕猎使他们产生了对矛和投掷器的需求。当人们学会了种植谷物,他们需要农具,其中包括播种的管棒、耕地的犁和收割谷物的镰刀。每一种新工具都具备独一无二的形式,从而去实现不同的功能。

利用斜面解决问题

根据历史记载,人类在公元前1万年经历了生活方式的巨大改变,不再靠简单的捕猎获取野生食物,而是开始种植自己的食物和饲养动物,比如狗、猪和牛。人类创造了农业,不再四处游移寻找食物,他们停留在一个地方,住在永久的村落。在这个时代以前,人类建造的大多数住所都是简单的结构并能快速地搭建起来。现在他们投入更多的时间和努力建造更大、更坚固的住宅。用动物皮毛、草和泥搭建的棚子,被木头、黏土砖和石头建造的房屋代替。这发生在第一个村落形成之前不久,在这之后城市就迅速地发展起来。

当房屋变得越来越大,房屋所用的建筑材料也越来越大,移动巨大的石头离开地面成了一个大问题。杠杆只能将石头移动较短的距离,大规模的位移需要使用不同的简单机械。于是人类开始利用斜面。斜面与楔形有相同的形状,但是采用不同的使用方式。这个机械非常简单，没有活动的部分。相反，物体可以在斜面上上移或下移。在"实验6 在斜面上移动物体需要多大的力"中，你能发现如何利用斜面轻松地移动重物。

实验 6　在斜面上移动物体需要多大的力

题　目

斜面的角度如何影响将物体移上斜面时需要的力？

简　介

斜面，或斜坡，是一种简单机械，帮助人们将物体提升一个高度。像使用其他简单机械一样，人们利用杠杆的机械效益，用较少的力完成工作。尽管，使用了较少的力移动物体，但是物体必须移动更长的距离。完成工作所做的功与不用机械时一样。

斜面的角度或者斜度叫作坡度。坡度是斜面长度和高度之间的比例。坡度通常以百分比计算。坡度可以用斜面的高度除以长度来计算，然后乘以 100。例如，一个斜面的高度是 10 米，长度是 50 米，那么它的坡度是 20%，因为 30/150×100＝20(10/50×100＝20)。一个斜面的高度是 10 米，

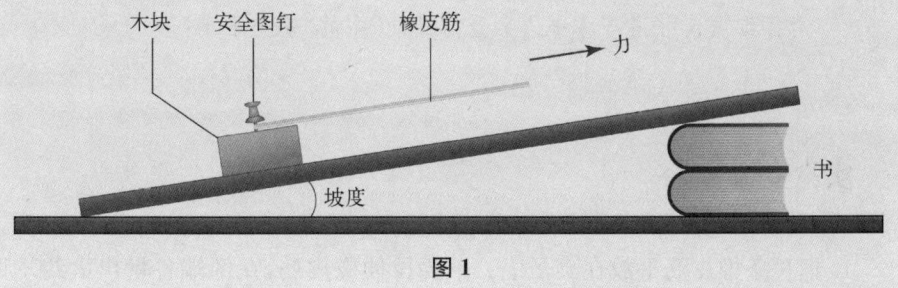

图1

长度是 100 米,那么它的坡度是 10%,因为 30/300×100＝10（10/100×100＝10）。

在这个实验中,你将看到改变斜面的坡度,如何影响在斜面上移动物体需要力的大小。

实验时间

45 分钟

实验材料

- 15 厘米长、5 厘米×10 厘米的木头或相似尺寸木块
- 大的按钉或安全图钉
- 钢笔或细点标记
- 尺子
- 一摞堆成 45 厘米高的书
- 10 厘米×75 厘米的平板
- 剪开成一长条状的粗橡皮筋
- 助手

安全提示

请仔细阅读并遵守本书"实验前必读"中的"安全准则"。

实验步骤

1. 把长条橡皮筋平放在桌子上。不要拉伸橡皮筋,在两端各量出大约 1 厘米的位置,用钢笔做好标记。在木块的一端测量出大约 1 厘米的位置,用钢笔做

好标记。将橡皮筋有标记的一端放在木块上有标记的地方。对准两个标记,按下图钉穿过橡皮筋,将橡皮筋固定在木块上。

2. 用手拿住橡皮筋自由一端的标记位置。慢慢拉动橡皮筋将木块提起。橡皮筋将被拉长。让你的助手测量橡皮筋被拉长的长度,并将数据记录在表格(实验1)中。

3. 在地面或平桌上搭建斜坡,将书摞起放在一端,将平板的一端搭在书上。另一端搭在地上或桌面上。用尺子测量斜面的高度和长度,并记录在表格(实验2)中。

4. 用高度除以长度再乘以100计算出坡度,记录在表格"坡度"栏下(实验2)。

5. 将木块放在斜面底部,用手拿住橡皮筋自由一端的标记位置。慢慢拉动木块。橡皮筋将被拉长。请你的助手测量当木块刚开始移动时橡皮筋被拉长的长度,并记录在表格(实验2)中。重复测量几次使结果准确。

6. 去掉2或3本书。重新搭建斜面。高度为实验2中的一半。测量斜面的高度,并重新计算坡度。在数据表"实验3"一栏里记录下来。重复步骤5,并记录橡皮筋的长度,这次将数据记录在表格实验3栏中。

表 格 1

实验编号	斜面高度	斜面长度	坡　　度	总长度
1				
2				
3				

分 析

1. 怎样比较将木块直接从地上提起需要的力与利用斜面拉动木块时用的力?

2. 当降低斜面高度时,斜面的角度发生了什么?

3. 基于你的观察,当斜面的坡度变小时,拉动木块的力的大小如何变化?

4. 当使用较小坡度的斜面时,要把木块提到相同高度,需要移动的距离发生什么变化?这对于完成工作需要的功有什么影响?

实验中将会发生什么？

斜面帮助人们提升物体，减小了将物体升到更高位置需要的力。在这个实验中，你通过测量橡皮筋被拉长的长度来测量力的大小。橡皮筋被拉得越长，用的力越多。最大的长度将出现在将木块直接提起的时候。这是因为木块被提起是对抗将木块下拉的重力。当你将木块拉上斜面的时候，需要的力减少了。斜面协助支撑木块去对抗下拉的重力。

当你降低斜面的高度，你就减小了斜面的坡度。与高的斜面对比，这将减少将木块移上斜面需要的力。一般来说，当斜面坡度减小时，物体更容易被移动上坡。利用斜面确实减少了提高物体时用的力，但是总共做的功没有改变。这是因为利用斜面你需要将物体移动更长的距离。使用斜面时，提起物体力的使用总量通常大于直接提起物体时的力的总量。那是因为物体移动时，物体与斜面间有摩擦力。这额外的阻力意味着用力的总量增加，即使所需的拉力更小。

实验结果

1. 将木块移上斜面需要的力（橡皮筋的总长度）将比直接将木块提起时花费得少。这是因为斜面支撑木块克服了一定的重力。
2. 降低斜面高度会减小斜面的坡度。
3. 斜面坡度减小时，拉动木块所需要的力也减小。
4. 当斜面坡度减小时，将木块升高到相同高度的移动距离将增加，总功不变。

斜面在现代世界的应用

在人们使用例如推土机、自卸车、起重机等机械设备时，大部分的提起重物和移动重物的工作都利用杠杆和斜面完成。埃及和墨西哥的金字塔就是利用斜面移动石块建造的。复活节岛上的巨石头像和巨石阵的石圈很可能也是借助斜面立起的。

如今，斜面也在被使用着，它们组成了现代工程奇迹中的重要一部分。例如，大部分的主要高速公路都有用于疏导车流的上坡和下坡。桥和隧道也是斜坡。几乎所有的大厦都有一条供轮椅行走的斜坡。斜面也被用来建造楼梯。一个斜面不一定要有一个平整的平面。楼梯是帮助人们从一层楼到另一层楼的一种斜面。思考一下，如果你用梯子代替楼梯你将花费多少力气到达顶楼。

在吉萨的埃及金字塔和其他古建筑，人们都是利用斜坡来运送大石头而修建起来的。

螺丝钉：旋转的斜面

螺丝钉是一种将东西固定起来的金属小装置。螺丝钉是许多建筑项目的重要部分，但是它们同样可以用来移动人、车和水。如果你曾开车经过大型停车场的不同层，或者走到一个运动场的顶部，你可曾注意到斜坡是螺旋状。这些螺旋状的斜面可以保持一个平缓的角度或坡度，而不占用大量的空间。当斜面包裹着圆柱的时候就形成了螺旋。在"实验7 螺旋状斜面"中，你会发现一个斜面怎样变成螺旋，其角度又是怎样地影响螺旋的方式。

实验 7　螺旋状斜面

题　目

斜面的角度如何影响它所做成的螺丝的形状?

简　介

螺旋可以看作是斜面的一种演变。像斜面一样,螺旋是一种简单的机械。沿着螺旋边缘的楔形突起叫作螺纹。当螺丝用在建筑项目里,楔形的螺纹帮助螺丝钉转动进入材料中。两个相邻螺纹上边之间的距离叫作间距。间距越小,螺纹挨得越近。如果两个螺丝有着同样的长度,间距小的一个有更多的螺纹。通常来讲,间距越小的螺丝越牢固。

斜面的倾斜程度叫作斜度。越陡的斜面斜度越大。在这个实验中,你会发现斜面如何变成螺纹。然后,你会看见斜面的斜度如何影响螺纹的间距。

实验时间

45 分钟

实验材料

- 2 支约 15 厘米长的铅笔

- 剪刀
- 玻璃纸带
- 米尺
- 2张干净的信纸(20厘米×30厘米)
- 笔

安全提示

请仔细阅读并遵守本书"实验前必读"中的"安全准则"。

实验步骤

1. 拿一张纸。用铅笔和尺,画一个直角三角形,底长10厘米,高5厘米。标记这个三角形为"三角形1"。在另一张纸上,画一个底边长10厘米,高6厘米的直角三角形。标记为"三角形2"。

2. 用剪刀沿着画的线,在线条外将两个三角形剪下。画的线应该留在你刚刚剪下的三角形外沿上。

3. 将两个三角形最短边放在右手端,垂直(竖直向上)挨着摆在一起。三角形的形状就是斜面的形状。比较两个斜面的倾斜程度。计算并记录斜面的斜度,用三角形的高度除以长度再乘以100。

4. 将三角形的短边粘在铅笔上。沿着铅笔的整个长度粘,以免纸松动(见图1)。缓慢转动铅笔,使纸三角开始缠绕在铅笔上。当你缠绕它时,确保纸三角底边的线在铅笔上重叠。把纸三角全部缠到铅笔上后,将纸三角固定在铅笔上。

5. 用三角形2和第二支铅笔,重复步骤4。当你缠完第二个纸三角后,将2根铅笔并排放在一起比较。

分 析

1. 当你将三角形缠绕在铅笔上的时候,制造出了什么形状?
2. 哪个斜面(三角形)有更陡的斜度,1或者2? 三角形的斜度是什么?

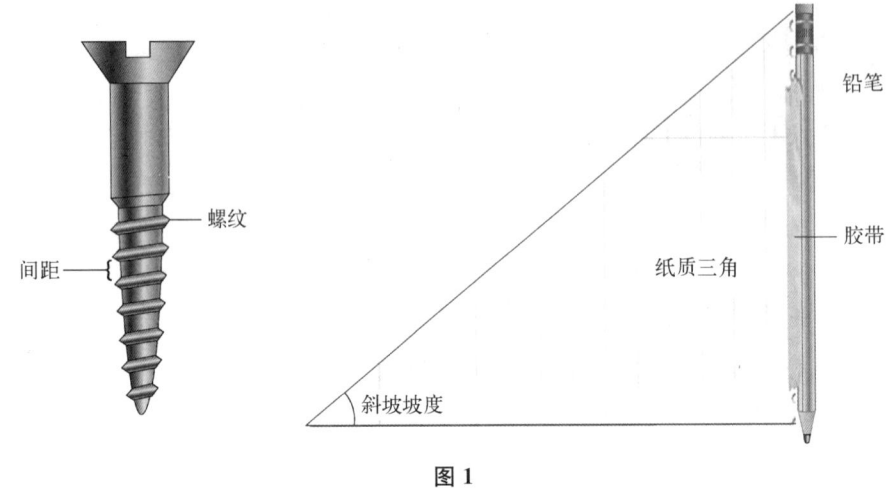

图 1

3. 比较由三角形 1 做成的螺旋和由三角形 2 做成的螺旋螺纹间的距离(螺旋间距)。它们有不同吗？如何不同？

4. 基于你的观察，斜面的斜度如何影响它所做成的螺旋的间距？

5. 如果你将这 2 个螺丝拧入木头中,达到同样的深度哪个需要旋转更多次？

实验中将会发生什么？

螺旋是绕轴旋转的斜面。在这个实验中,你用两个不同斜度的斜面制作了两个螺旋。通常,斜面的坡度越小,它所做成的螺旋间距越小。如果你有 2 个相同长度的螺丝,间距较小的有更多的螺纹。与间距大的螺丝比较,较小间距的螺丝需要转更多次达到一定的深度。较小间距的螺丝有更强的咬合力。这是因为它们有更多的螺纹与建筑材料接触。

实验结果

1. 三角缠绕到铅笔上,形成了螺旋。

2. 斜面 1(三角形 1)斜度是 50％(5/10 厘米×100＝50)。斜面 2 斜度是 25％(5/20 厘米×100＝50)。

3. 螺旋 1 的间距比螺旋 2 大,因为螺旋 1 的螺纹分布远。

4. 斜面斜度越小,螺纹间距越小。

5. 间距小的螺丝需要转动更多次才能达到相同的深度,因为它的螺纹多。

螺旋的发展

作为一个简单机械,历史上并不知道螺旋是何时何地发明的。一些证据表明,螺旋可能起源于公元前 300 年以前,但是把螺旋应用到实际的是古希腊的数学家兼发明家阿基米德(Archimedes,公元前 287—公元前 212)。生于大约公元前 287 年的阿基米德生活在西西里岛上的雪域城。除了阐述船浮动原理(阿基米德浮力定律)和杠杆原理,阿基米德将螺旋以一种独特的方式加以运用。他设计利用螺旋来抽水,而不是用螺旋将物体固定在一起。代替以往做螺纹的实心楔形,阿基米德用空心管缠绕在一个竖轴上作为螺纹。螺旋的底部置于水下,当它转的时候,水被空心管推升至螺旋上方。尽管现代技术提供了多种抽水方法,但是基于阿基米德螺旋定律的设计仍在一些地方沿用,例如,污水处理厂。不像

阿基米德螺旋抽水机,当曲柄带动螺杆旋转,绕在中轴上的空管推水上升。

抽水泵,螺旋泵不容易被水里的固体物质堵塞,这在抽污水的时候提供了很大的便利。

螺旋在现代世界的应用

阿基米德利用螺旋发明了许多设备,包括压榨橄榄油的压榨机。现在,螺旋运用于很多设备中。钻头是螺旋被设计成用来在木头、金属、塑料甚至混凝土上打孔的。虎头钳通常有一个螺旋帮助你拉近或放松它。许多桌椅的脚上有螺旋脚用于调节它们的高度。通常,用来将轿车和卡车抬起来的千斤顶中心有一个螺旋。尽管它可能看起来不像,摩托艇的螺旋桨是真正由螺旋演变来的,而且工厂里的许多机械是靠叫作"涡轮"的特殊螺旋来驱动的。

我们很好地利用了螺旋,使盖子固定在容器上。下次,当你打开泡菜或蛋黄酱的罐子时,看看盖子的里面,那确实是一个螺旋,其他扭开的盖子也是一样。

到目前为止,螺旋最普遍的用途是连接物品。在"实验8 用螺丝钉固定"中,你将发现螺丝的设计,使我们在连接世界的时候产生了多么大的不同。

实验 8　用螺丝钉来固定

题 目

钉子上的螺纹是否有利于将材料固定在一起?

简 介

我们用很多种类的紧固件将物体连在一起,这包括钉子、螺杆、螺栓、订书钉和大头钉。基于仿效简单机械的形式,将这些装置分为两类。钉子、大头钉、曲头钉和订书钉是由楔形演变而来。楔形就是一种简单机械,由一端的一点逐渐过渡到越来越厚的另一端。当你将钉子钉进木头,钉子停留在适当的位置。这是因为楔形的设计使木头纤维断裂,使木头和钉子之间产生压力,帮助钉子紧紧钉住木头。

很多螺丝一端有一个点,就像钉子。螺杆边缘的螺旋形的螺纹,一直延伸整个螺杆的长度。螺丝进入木头的时候,螺纹切进材料里并且紧紧咬住木头。每转动一次螺杆,楔形的螺纹就会切入木头越深。这是由于螺杆趋向顶端的时候越来越粗,每个连续的螺纹都更深地切入了木头。

一些螺丝从头到尾都一样粗细。有两个例子,一个是将电器和家具固定一起的螺丝,另一个是有着一样螺纹,但是顶部没有槽平底的螺栓。这些装置通常由另一端的螺母紧紧固定,而不是通过切入材料来固定。螺母也与螺丝一样具有螺纹。当螺母放在螺丝的一端,两种螺纹咬合在一起。当拧紧螺母,摩擦力将螺丝固定在适当的位置。

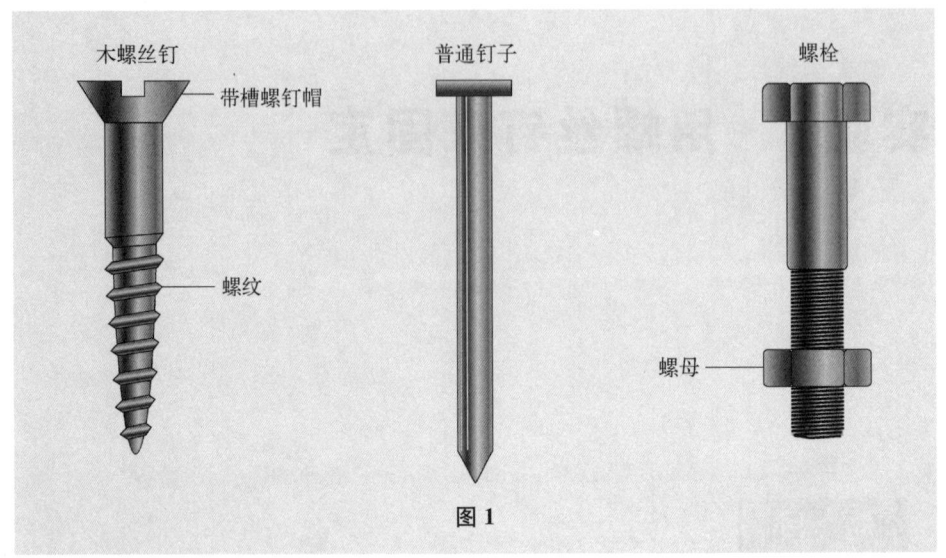

图 1

实验时间

45 分钟

实验材料

- 防护眼镜
- 安全手套
- 15 厘米长、5 厘米×10 厘米的木头,或相似尺寸的木块
- 锤子
- 一字螺丝刀
- 钳子
- 尺子
- 5 厘米的"普通"钉子
- 5 厘米顶端带槽的木螺丝钉

安全提示

本次实验要求在成人监督下进行。确保实验中,你及周围的人佩戴防护眼镜和安全手套。请仔细阅读并遵守本书"实验前必读"中的"安全准则"。

实验步骤

1. 将木块放在坚固的平面上。戴上防护眼镜和安全手套。拿起钉子对准木块的中心,用锤子轻轻地敲击钉子头,使钉子穿进木头1厘米深。钉子有大约3厘米长露在木头外面。你可能需要一个协助者帮你固定木头。如果需要,确保他也佩戴防护眼镜和安全手套。

2. 将钉子钉入木块之后,观察钉柱周围的木头状态。用一只手拿起钳子,用另一只手将木块紧紧按在桌子上,用钳子紧紧钳住钉子头,试图将钉子从木头里拽出来。如果你需要,可以上下扭动钉子几次。

3. 把钉子从木头中拽出之后,将木块翻转到没有洞的新的一面。将螺丝钉对准木块的中心,用螺丝刀转动螺丝钉穿入木头1厘米深。当你翻转它,观察一下木头的表面,体会一下螺丝钉进入木头的感觉。

4. 使用钳子,在不要旋松螺丝的情况下将其拽出木块。

分 析

1. 当你钉钉子进入木头,木头的纤维呈现什么变化? 这与螺丝钉进入木头时发生的变化相比呢?

2. 钉子和螺丝钉,哪一个更容易从木头中拽出? 为什么?

3. 如果你需要将固定件在木头上拆卸和安装几次,钉子和螺丝钉哪个更好用? 为什么?

4. 钉子和螺丝钉,哪一个更能防止木头开裂?

实验中将会发生什么？

将木头固定在一起的时候，由于螺纹切入木头，螺丝钉会比钉子固定得更紧。两种固定件都会在木头上留下孔洞，但是孔洞的形状是不同的。当你用锤子钉钉子，孔洞周围的木头纤维被挤压，钉子形成的孔洞有光滑的边缘。钉子钉住木头，是因通过木头对于钉柱的相反方向的压力。

当你将螺丝钉旋进木头，楔形的螺纹在木头里切出了符合螺纹形状的槽。随着螺丝的每一次旋转，由于之前的旋转已经进入木头的螺纹继续向木头深处行进。同时，正在进入的螺纹沿着孔洞的边切入新的木头纤维。由此，螺丝钉在孔洞中形成的槽紧紧锁住了螺丝钉的螺纹。孔洞中的螺纹越大，螺丝钉"咬和力"越大。

实验结果

1. 钉子使木头纤维分离。螺丝钉挤进木头纤维并使其缠绕在螺丝钉周围。
2. 由于螺丝钉的螺纹切入了木头孔洞的边缘，所以钉子更容易从木头中拔出。
3. 因为能够旋出，螺丝钉是你多次装卸固定件的更好选择。通过反方向的转动，木头孔洞里的槽保持原样。一旦你把钉子拔出木头，孔洞中木头纤维保持被压缩的状态，孔洞是开放的。当你将同一枚钉子再次钉入这个孔里，纤维将不再紧压钉子，钉子就会慢慢滑落出来。
4. 钉子和螺丝钉都会使木头断裂，然而使用螺丝钉，你可以钻出一个小的"导向孔"，使螺纹紧紧咬住木头，而不会轻易地滑落出来。

不同的工具完成不同的任务

在这一章节的开始，我们讨论了在大多数情况下，人们由于需求发明了新的工具。今天，我们有这么多的工具可用，有时甚至过剩。当一些简单的工具能够完成大多数的工作，我们真的需要这么多吗？假设你要从木头中取出弯曲的钉子，你一定要使用特殊的拔钉钳吗？完成一项工作有很多的方法，你可以使用普通的钳子、撬棍或者锤子爪的部分，必要时甚至活动扳手也可以拔出钉子。既然有这么多选择,为什么有的人还要不怕麻烦去发明拔钉的工具?

所有这些方法有时候起作用,但是也有很多时候会失败。如果钉子陷得太深,普通钳子无法钳住钉子并拔出来。如果钉子太过弯曲,撬棍或锤子爪则无法进入钉子底下,除非破坏木头。如果钉子头太小或者断了,只有拔钉钳才可以将其拔出。大多数人并不需要这些特殊的钳子,因为他们就是偶尔地需要弄出弯曲的钉子。然而,对于木匠来说,每天都要与数以百计的钉子打交道,这样的工具可以很快解决问题,省钱省时。在"实验9 为紧固而设计的工具"中,你将发现使用正确的工具会让事情发生很大的变化,让你更快地完成工作。

实验 9　为紧固而设计的工具

题　目

工具的设计如何影响你的工作能力？

简　介

我们完成一项工作通常只有一个选择，不同的工具设计决定了不同的成功率。在这个实验中，你会比较将螺母紧固在螺栓上所采用的两种工具的效率。

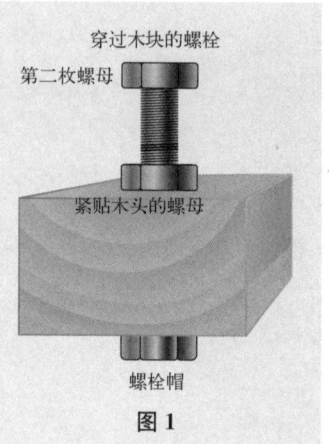

图 1

实验时间

30 分钟

实验材料

- 防护眼镜
- 安全手套
- 15 厘米长、5 厘米×10 厘米的木头，或相似尺寸的木块。至少 10 厘米长的机器螺丝或螺栓

- 2个对应螺丝或螺栓的螺母
- 带有秒针的表
- 比螺丝或螺栓粗的齿钻
- 钳子
- 精确适合螺母的扳手

安全提示

本次实验要求在成人监督下进行。确保实验中，你及周围的人佩戴防护眼镜和安全手套。请仔细阅读并遵守本书"实验前必读"中的"安全准则"。

实验步骤

1. 请一个成人用钻在木块上打孔穿透。将螺丝（螺栓）插进孔里，螺丝头紧贴在木头上，螺纹的螺杆应该穿过木块并在另一面露出来。将一枚螺母放在螺丝（螺栓）的螺纹一端，用手指将其沿着螺纹向下旋转，一直到它紧紧地顶在木块的这面上。

2. 拿起第二枚螺母，放在螺丝（螺栓）的螺纹一端，旋转使其自转一周。只用钳子，旋转第二枚螺丝至紧靠第一枚螺丝为止，并计时。将结果做以记录。

3. 移走第二枚螺母，重新将其放在螺纹的顶端。旋转一周，因此你将从螺丝（螺栓）的同一位置开始工作。只用扳手，旋转第二枚螺丝至紧靠第一枚螺丝为止，并计时。将结果做记录。

分 析

1. 哪一个工具需要用更长的时间来紧固螺母，钳子还是扳手？为什么？
2. 使用每个工具的时候你遇到了一些什么问题？
3. 如何来提高每个工具的效率来完成这项任务？
4. 你还可以用其他什么工具来完成同一项任务？

实验中将会发生什么?

钳子和扳手都能够将螺母在螺丝或螺栓的螺纹尽头拧紧,完成这项工作任务。然而这两者各有其优点和缺点。使用钳子时,你必须持续捏住手柄来转动螺母,这限制了你每次可以将螺母转动的距离。由于扳手的设计准确地符合螺母的尺寸,你可以不间断地旋转螺母。但是扳手口必须契合螺母的边缘,如果这两者不能精准匹配,扳手会滑落并失去握力。而且每种扳手只能适用于一种尺寸的螺母,如果螺母太大或者太小,扳手就无法起作用。有一种适合一系列螺母尺寸和形状的活动扳手。

实验结果

1. 合适的扳手能比钳子更快地拧紧螺母,因为钳子需要不断松开和钳住。
2. 扳手必须精准匹配螺母,否则会脱离螺母。钳子无法在一次运动里钳住螺母完成转动。
3. "套筒扳手"没有开口的一端,是封闭的,所以不能脱离螺母。"大力钳"借助弹簧扣在螺母上,因此当你转动螺母的时候不用紧捏手柄。
4. 有很多工具设计用来握住并旋转螺母,包括管钳、套筒扳手和活动扳手。

发明更好的工具

人们在不断地试图改善工具的设计。当你去五金商店或者家居装饰店时,去手工工具的专柜看看能够找到多少种螺丝刀,在库存充足的店里你可能会找到 100 种甚至更多。

起初这看起来有些可笑,毕竟螺丝刀只有非常简单的功能——旋转螺丝。你只需要两把螺丝刀就够了,因为它们用同样的方式工作,可以完成相同的简单工作。然而却有这么多种螺丝刀,理由就是有那么多种螺丝。转动小螺丝你需要窄刃的螺丝刀,大的螺丝则需宽刃的螺丝刀,太窄的刃只能让螺丝刀滑脱而不能紧紧咬住螺丝。

即便是螺丝刀刃和螺丝尺寸一致,在螺丝头上只有一条凹槽的情况下,滑脱仍然是个问题。为了解决这个问题，螺丝头的设计被改进，使螺丝刀可以更好地咬住螺丝。一些螺丝刀只有平刃，其他一些有十字和星形的刃。这些螺丝刀为了配合不同种类的螺丝而诞生。

螺丝刀的手柄也不同，一些短粗手柄的螺丝刀适合在非常小的空间里工作，其他螺丝刀有长而细的手柄。如果你观察够细致，你可以发现有些螺丝刀手柄弯成直角，或者手柄上有防止倒转的棘齿，这些特殊的设计让你在局促的空间里也能够触到螺丝。

这些螺丝刀的设计并不是恰巧出现的，它们为了解决特殊的问题被发明出来。其他的工具如锤子、锯、凿子、钳子和扳手也体现为很多样式。事实上，如果你可以准确描述一种工具，你很可能发现它有一系列的尺寸和形状，其中的每一个都因满足不同的需要被设计出来。

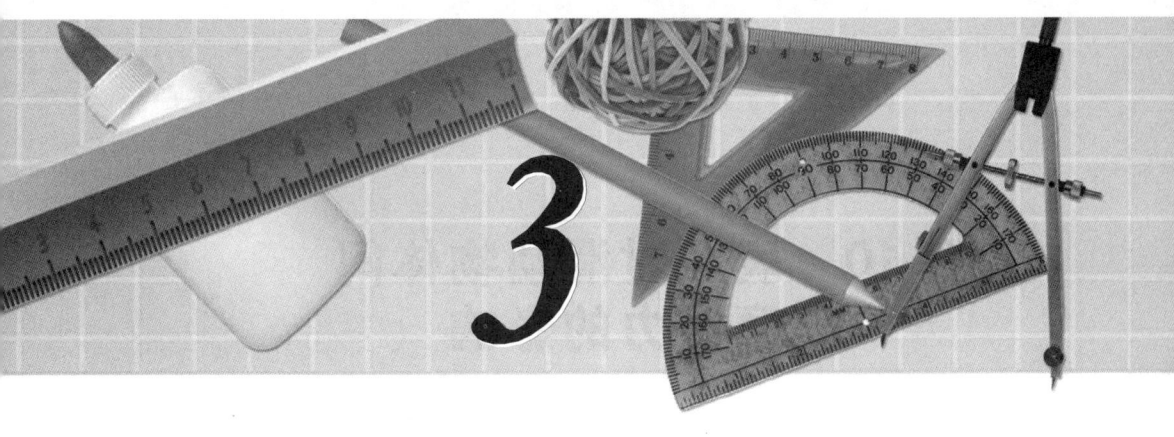

运动中的机械

到现在为止，我们已经看过简单机械如杠杆、斜坡和螺旋是如何通过减小完成工作需要的力量，来提高工作的效率。

升降物体的时候，最主要被克服的力是重力，尽管它不是移动物体时候涉及的唯一的力。试着这样做，合上双手，尽可能快地摩擦手掌。你会有什么感觉？手发生了变化，变得温暖了。热量来源于叫作摩擦力的另一种力。摩擦力是物体移动时，物体间存在的相互的阻力。为了移动一个物体，必须首先要克服摩擦力。

假设一个人要把装满书的箱子从地板上拉走，他开始推动箱子，纹丝未动。当他用更大的力，箱子开始慢慢地滑动。由于他没有将箱子举起来，因此他全部的用力就是为了克服箱子和地板之间的摩擦力。移动书箱可能不要求那么大的力量，但是如果要移动冰箱、货运车这样的物体，摩擦就真成了一个问题。不仅仅需要更大的力量来克服摩擦，而且我们在摩擦手的实验里发现摩擦生热。在"实验10 表面对滑动物体间摩擦力的影响"中，通过测试你会发现改变物体表面影响两个物体间的摩擦力。

实验10　表面对滑动物体间摩擦力的影响

题　目

互相接触物体的表面对滑动时的摩擦力有影响吗?

简　介

　　无论是两个物体擦过还是靠在一起,它们之间都有一个力叫作摩擦力。摩擦力的方向总是和运动的方向相反的。如果你推椅子在地板上向左移动,那么地板和椅子腿之间的摩擦力是向右的。如果一个物体被放在斜坡上,重力会试图将物体拉下斜坡。如果物体停在斜坡其他位置,斜面向上的摩擦力与重力向下拉的力相等。如果你升起斜坡,斜率(斜度)变得更陡,重力作用下的拉力增加。最后如果继续升起斜坡,重力产生的拉力会比要克服的摩擦力大得多,物体从斜面上滑下。

　　摩擦力存在于所有的表面,无论多光滑,表面都会被细小的隆起和凹陷覆盖。当你试着将两个表面错开,隆起和凹陷会突然互相吸引并"锁"在一起。用来克服摩擦的力需要将表面"解锁"。在这个实验中,你将通过在斜面上滑动木块,比较几种表面的不同摩擦力。

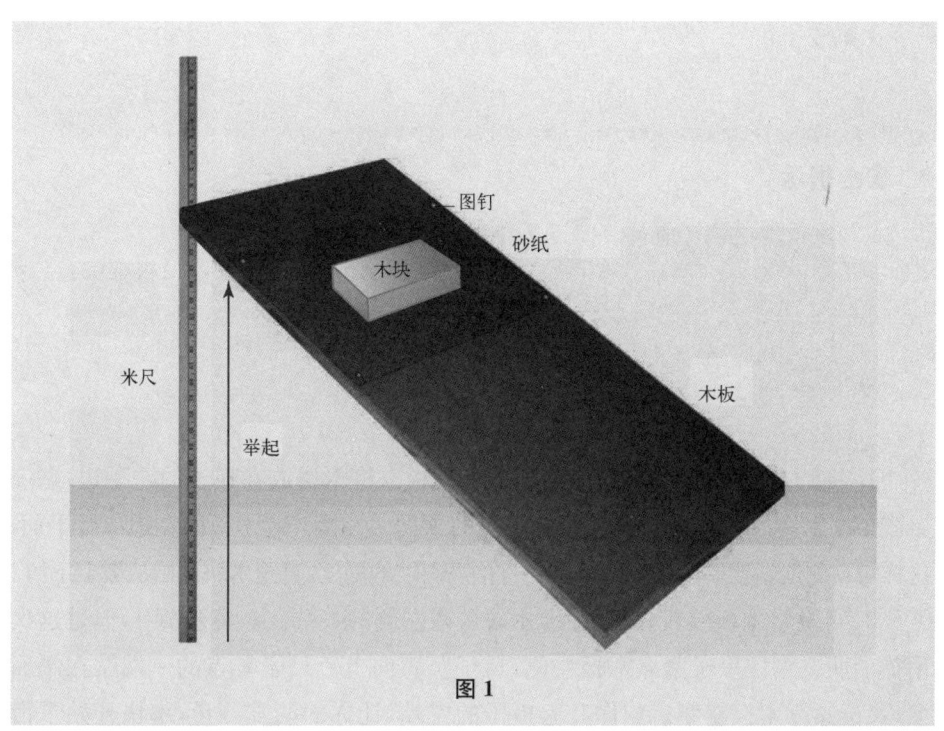

图1

实验时间

45 分钟

实验材料

- 15 厘米长、5 厘米×10 厘米的木头,或者相似尺寸的木块
- 4 枚图钉
- 米尺或大尺子
- 至少 10 厘米×75 厘米的平板
- 15 厘米砂纸
- 15 厘米蜡纸
- 15 厘米铝箔
- 胶带

- 助手

> **安全提示**
> 请仔细阅读并遵守本书"实验前必读"中的"安全准则"。

实验步骤

1. 将长木板放在平面上,如桌子或者地板。将木块放在板子的左手边,贴一条胶带在木块顶上。这一面将总是木块的顶面。慢慢升起木板的左边离开平面,这样与右侧低端就形成一个斜坡。一直抬高斜坡的高度,直至木块开始从坡上下滑。

2. 再次将木板放置在平面上,木块放在左侧的一端。重复步骤 1,但是这次请你的朋友拿住尺子紧靠木板左侧,尺子竖直向上。尺子零点的一端贴在平面上,尺子紧靠木板左侧。当你升起板子的左端,让你的朋友测量,木块开始下滑的时候板子升起了多少厘米。记录下这次测量的数据。保持木块顶面向上,重复操作两次。每次都将木块放在木板的同一位置。

3. 在记录下 3 次的木板高度数据后,改变木板的表面来重复试验。开始使用砂纸。用 4 枚图钉将砂纸固定在木板的左端。在开始实验前,观察砂纸的纹理,预想一下比起裸露的木头表面,斜坡上会有更大还是更小的摩擦。将木块放在砂纸上,升高木板,按照步骤 1、2 重复 3 次实验。注意不要将木块放在图钉上。记录下实验数据。

4. 从木板上移除砂纸,用蜡纸重复步骤 3。然后,用铝箔重复步骤 3。将蜡纸和铝箔铺在坡上的时候,要保持平展。在记录表里记录下你的预测和结果。

数据表 1

模 板 表 面	测 量
木头 实验1 实验2 实验3	

续 表

模板表面	测 量
砂纸 实验 1 实验 2 实验 3	
蜡纸 实验 1 实验 2 实验 3	
铝箔 实验 1 实验 2 实验 3	

分 析

1. 基于你的实验结果,哪一种表面具有最大的摩擦?哪种最小?
2. 为什么重要的是,每一次都要保证木块的同一面接触斜坡呢?
3. 为什么每种表面都要进行 3 次实验呢?
4. 为什么重要的是,不能够让蜡纸和铝箔有褶皱?

实验中将会发生什么?

在实验中,你通过升起木板的一端形成斜坡,测量了木块和木板之间摩擦的大小。斜坡越陡,重力对木块形成的拉力越大。摩擦越大,你需要将木板升起越高(斜度越大),木块才能滑下来。由于砂纸有着粗糙的表面,这产生了更大的摩擦力。通常,蜡纸有着最小的摩擦,因为蜡让纸变得更滑。蜡也经常被用来做减少摩擦的润滑剂。

实验结果

1. 结果不同,砂纸产生了最大的摩擦是由于它有最粗糙的表面。总的来说,蜡纸有着最小的摩擦,大小介于铝箔和裸露光滑的木头表面之间。

2. 保持木头的同一面在表面上滑动,这样可以保证每次实验的条件都是一样的。

3. 做 3 次实验是非常重要的,这样可以判断出每次的结果是否近似。

4. 蜡纸或者铝箔起皱,会增加其表面的不规则性,从而增加摩擦。

在远古世界移动巨物

现代的工程师依靠吊车、翻斗车、推土机等更多机械来修建摩天大楼、桥梁和其他的大型结构。埃及工程师在大约 4 500 年前建造金字塔的时候,并没有这些机械的协助。大约 4 200 年前建于英国的史前巨石柱的建造者也没有这些协助。这两个例子里,石块都在距离建筑现场几十英里之外被采挖出来,很多石头重达 2—3 吨。那么工程师如何在没有卡车、火车甚至轮子的时代,将如此巨大的重物迁移这么远的距离呢?根据科学家们的说法,答案就在简单的物理学和人力之中。在"实验 11 用滚杠和滑板来移动物体"中,你将有机会进行古埃及工程师的实践,自己来发现这些重大任务是如何被完成的。

实验 11　用滚杠和滑板来移动物体

题　目

将重物从一个地点移动到另一地点,滚杠和滑板能够使这项工作变得更容易吗?

简　介

在大约公元前 2575 年以前,建筑从现在埃及的吉萨城附近的胡夫金字塔开始。这个建筑,也就是埋葬法老胡夫(考伯斯)的坟墓,是远古世界七大奇迹之一。甚至在今天的标准看来,它依然是庞大的建筑工程。它由数以千计的石灰石块建造,这些石块紧密地结合在一起。科学家们估算出大多数的石块重量介于 2—3 吨之间,但是有一些巨大的石块是这个重量的 10 倍。将这些石块从采石场运到建筑工地成了一个巨大的难题。

大多数考古学家认同埃及工程师没有使用带轮子的车来移动石头。相反,他们联合使用滚杠和滑板完成了这个工作。在这个实验中,你将比较

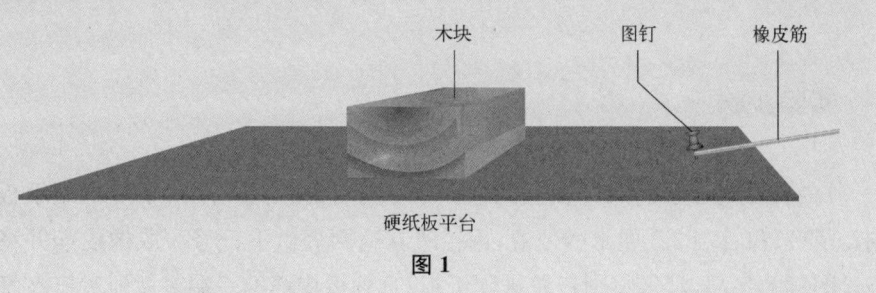

图1

3种通过滚动和滑动来移动重物的技术,看看哪一种是最有效的。

用"滑动平台"和当作计量器的橡皮筋,试试看移动相同的重量哪一种方法用最少的力。

实验时间

45分钟

实验材料

- 15厘米×30厘米的瓦楞硬纸板
- 7枚图钉
- 6支没削过的圆形铅笔
- 2支新的削过的八边形铅笔
- 大而重的木块
- 大桌子或写字台
- 十进制标尺
- 长而细的橡皮筋

安全提示

请仔细阅读并遵守本书"实验前必读"中的"安全准则"。

实验步骤

1. 将硬纸板放在你身前的桌子上,从左到右为纵向。用尺子量出距纸板顶端7.5厘米和右端2.5厘米的位置,用铅笔在这两处做下记号。取橡皮筋并将其绕过图钉的尖端,轻轻将图钉按进硬纸板,直到橡皮筋的一端紧紧地被钉在纸板上，像图1那样。试着拉动橡皮筋使硬纸板滑过桌面，橡皮筋应该慢慢拉伸，但是图钉应该紧紧钉住。如果图钉穿透纸板从另一面露出来，用几条胶布盖上去以防在桌面上留下划痕。

2. 将木块放在硬纸板上，用橡皮筋拉着载有木块的滑动平台，在你身前移动30厘米远。用尺子测量并记录当你拉动平台时橡皮筋拉伸的长度。重复操作两次，检查你的结果。

3. 移开活动平台，将6支圆形铅笔并排地放在桌面上。将它们间隔2.5厘米，然后把活动平台放在它们上面，这样铅笔起到了滚杠的作用。用橡皮筋拉着活动平台在滚杠上移动30厘米远（见图2）。用尺子记录下这次橡皮筋拉伸的长度。重复步骤2两次，并检查你的结果。

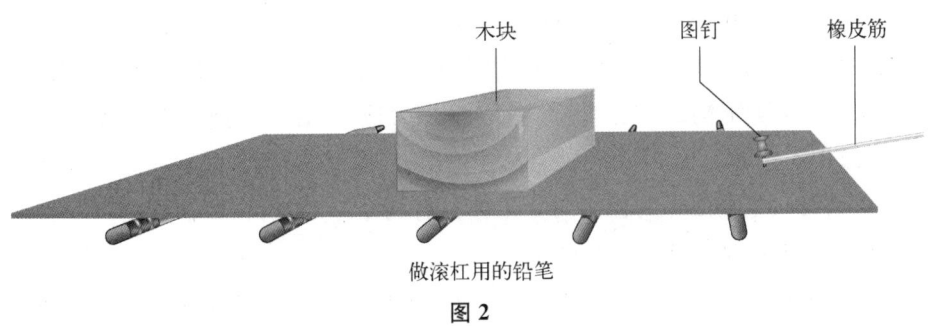

图 2

4. 从桌面上移开活动平台和滚杠。用图钉将两只削过的铅笔钉在纸板上，使它们成为底部的滑行装置。两只铅笔应该彼此平行，距离大约10厘米远（见图3）。你已经将移动平台变成了滑板。

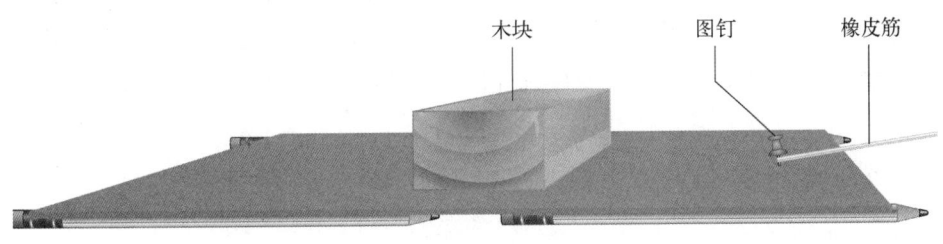

图 3

5. 将滑板下面放铅笔，上面放木块，一起放在桌面上。用橡皮筋拉动滑板移动30厘米远。测量并记录这次橡皮筋拉伸的长度。重复操作2次，并检查你的结果。

> 分 析

1. 哪一种方法移动木块需要的力最小？哪一种需要的力最大？
2. 当你使用滚杠的时候遇到了什么样的问题？
3. 如果有的话，活动平台下的滑动装置起到了什么有利的作用？
4. 如果你要在凹凸不平的表面移动一个重物，哪一种方法最有效？

实验中将会发生什么？

在这个实验里，通过观察橡皮筋拉伸的长度，你测量了在桌面移动木块所需力的大小。移动木块所需力的大小，取决于活动平台底部与桌面的摩擦力大小。总的来说，移动物体接触面的面积越大，摩擦力越大。在活动平台底部安装滑动装置，减少了接触面积，所以可能会减少摩擦。然而安装活动装置的主要好处是给了移动者对重物更多的控制力。当你只有两个接触点，在不规则的表面移动物体或改变方向都是相对容易的。

使用滚杠最大限度地降低了摩擦，但是滚杠也产生了其他问题。为了使物体保持运动，需要不断地将滚杠从后移到前。这要求大量的时间和条件。如果滚杠没有被合适地放好，或者它们放在不正确的角度，物体要么从上面滑下来或者不确定地改变方向。滚杠也不适用于凹凸不平的表面，因为它们可以翻转并因势乱动。埃及工程师们很可能试着使用滚杠，但更多的是用滑板来移动了大部分石头，滑板沿着平坦的路行进。而且他们在滑板的滑道上使用水甚至很可能是橄榄油，更大程度地减小摩擦，让滑道更顺滑。

实验结果

1. 使用滚杠，橡皮筋伸展的最短，所以用这个方法移动木块需要的力最小。硬纸板的活动平台和装有滑道的滑板需要相等的力来移动木块。

2. 滚杠需要持续移动，否则木块就会掉下来。而且滚杠必须准确地排成一排，间隔放置。

3. 滑道只能减少很小的摩擦，它最大的用处是在移动巨物的过程中把握行进方向。

4. 滑板在不规则的表面非常好用,因为滑道有助于把握方向,即使在很不平的表面也可以保持行进。

轮轴的好处

很多人认为轮子就是从滚杠发展来的,但是事实很可能不是如此。在轮子用于交通之前,被用作其他的用途。第一个轮状装置的使用记录,是用于黏土塑形来制作陶器。公元前4000年的中东,制陶工人使用石头制成的"转台"。甚至更早的时候,人们将麻和棉纺在一起制成线。纺车看上去像个陀螺,是轮子的相似物。

轮子最早被用于交通的记录是在公元前3500年的中东。这些交通工具看上去很简单,就像在滑道上装了轮子的滑板。

与滚杠不同,由于轮轴的发明,轮子可以被固定在物体上并保持旋转。轴是轮子绕着旋转的装置。没有轴,轮子就不能工作。

轮子和轮轴的发展是由于运输的迫切需要,但是这些发明在其他装置上也起到了非常重要的作用。轮子和轴结合在一起可以形成一个简单机械。这个简单机械可以减少完成工作所需的力量。在"实验12 测量轮子直径的效应"中,你将通过测试看看轮子简单转一圈究竟可以产生多少力。

实验 12　测量轮子直径的效应

题 目

轮子直径如何影响完成工作所需的力量?

简 介

轮子和轴可以被认为是多角度的杠杆。杠杆的力取决于支点的位置和相关的力臂长度。在轮子上,轴取代了支点。通过改变轮子的直径,可以改变完成工作所需要的力量。像杠杆一样,轮子和轴提供了机械效益:它们减少了完成工作所需要的力量。对简单机械而言,使物体移动更远的距离就是产生的机械效益。

螺丝刀就是轮和轴在工作中具体的例子。在这个例子里,螺丝刀的手

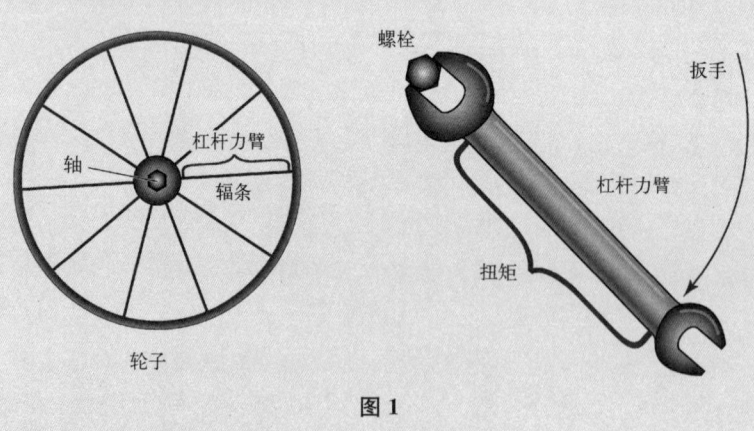

图1

柄可以被认为是轮子,刀杆是轴。当你转动螺丝刀的手柄,你手上的旋转力传导到螺丝刀杆上。这个旋转力被称作扭矩。尽管看上去不像轮子,但是扳手也是轮子的工作原理。当用扳手旋动螺栓,螺栓旋转。在这个情况下,螺栓就是轴,扳手就是轮子的辐条之一。在这个实验中,你将通过测试看到扳手长度如何决定旋动螺杆的难易程度,进而推断轮子的直径如何影响扭矩。

实验时间

30分钟

实验材料

- 30厘米长、5厘米×10厘米的木头,或尺寸相近的木块
- 2根相同的木螺栓,每根大约5厘米长(木螺栓看上去像木螺丝,一端是螺纹末端的尖,一端是粗大的螺母)
- 匹配木螺栓的扳手
- 锤子
- 30厘米木尺
- 一卷管线胶布或绝缘胶布
- 安全手套

安全提示

请仔细阅读并遵守本书"实验前必读"中的"安全准则"。

实验步骤

1. 戴上安全手套,将木块放置在稳固的平面上,如写字台或桌子。将第一

根螺栓放在木块上从左手边数7厘米的位置上。用锤子轻轻敲打螺栓头,直至螺栓尖扎进木头。用扳手旋转螺栓头,直至头部贴上木块表面。注意你要转动扳手多远,才可以将螺栓拧紧半圈。

2. 拿起扳手放在桌面上。将尺子放在扳手上面,10厘米长的部分盖在扳手上,另外20厘米长的部分沿着扳手伸出手柄末端之外。用胶带固定尺子和扳手,确保紧贴牢固。尺子就相当于扳手延长了的手柄。

3. 取第二根螺栓,并将其放在木块上从右手边数7厘米的位置上。用锤子轻轻敲打螺栓头,直至螺栓钉入木头。用附有尺子的扳手,旋转螺栓头直至头部贴上木块表面。当你拧紧螺栓的时候,一定要用扳手以外的尺子延长端。注意你要转动扳手多远,才可以将螺栓拧紧半圈。

分 析

1. 哪一个实验需要更小的力来旋转螺栓:单独的扳手,还是附有尺子延长端的扳手?

2. 哪一个实验你需要旋转扳手移动更远的距离:单独的扳手,还是附有尺子延长端的扳手?

3. 如果你要将一根螺栓在轮胎上拧紧,你会使用长手柄的扳手还是短手柄的?为什么?

4. 如果你要移开陷得很紧的螺丝,你想用粗手柄的螺丝刀,还是细手柄的?

实验中将会发生什么?

当你旋转扳手或者螺丝刀,你制造了一个叫扭矩的旋转力。扭矩与杠杆产生的力相似。杠杆的长力臂提供了更大的机械效益(使移动物体变得更容易)。同样的原理也适用于扳手。扳手越长,扭矩越大,转动螺母或螺栓更容易。当你把扳手旋转一圈,手柄相当于以二倍于扳手长度的直径绕着螺帽转一周。如果将这个转动与轮轴的旋转联系起来,你就会想象出一个轮子。这意味着轮子的直径越大,创造的扭矩更大。由此推理,相对于小轮子,你必须旋转大轮子划过更远的距离才能够保证轴转动相同的角度。

实验结果

1. 长柄的扳手旋转螺栓时更省力。
2. 有加长手柄的扳手要运动更远的距离,使螺栓转动相同的角度。
3. 为了拧紧螺栓,你会想用长手柄的扳手。更长的手柄给了你更大的扭矩,更容易拧紧螺栓。
4. 你会使用手柄尽可能粗的螺丝刀来移除陷得很紧的螺丝。更粗的手柄给了你更大的扭矩,更容易转动螺丝。

轮子在当代社会的应用

找到没有轮子参与的工作在今天是非常难的,几乎所有形式的陆地运输都有一些轮状装置。从卡车、火车到滑板和自行车,轮子减少了摩擦让物体更有效率地移动。轮子还用于很多其他工作,用来起重的绞车也是轮子和轴,很多大型发动机内部都有飞轮,保证运转。凸轮和曲轴是改装的轮状装置,大型涡轮机可以使电厂的发电机旋转。

你也许没有意识到,轮和轴在家里也随处可见。门的球形把手就是真实的轮轴装置,水龙头也是。很多工具,包括电钻、圆盘锯、传送带砂磨机、车床和刨床也都是基于轮轴原理设计出来的。轮子对于运动和比赛也很重要。自行车把手是轮子的一种演变,陀螺和悠悠球也是一样。

滑轮的力量

当发现轮轴的力量之后,人们就开始试验使用不同的机器,一个早期的例子就是今天仍在使用的轱辘。轱辘与绞车相似,一端是曲柄,中间是巨大的轴,绳子缠在轴上面。这些机器得到广泛的应用,从井里提上水桶,从船上拉起船锚。后来人们发现曲柄并不是总是必需的。通过简单地让绳子在轮槽里穿过,可以更轻松地拉动绳子提升或者移动不同的重物。这个简单的发明被称为滑轮,也是 6 种简单机械之一。

历史学家不确定谁发明了滑轮,但是有证据表明亚述人在公元前 600 年使用了滑轮。第一次使用滑轮的记录大概在公元前 390 年。希腊哲学家阿契塔（Archytas，公元前 428—公元前 347）发明了一些类似滑轮的装置。但是阿基米德真正地证明了滑轮的力量。传说，锡拉库扎的英雄国王质疑阿基米德的能力，让他证明自己是多么伟大的工程师。阿基米德非常胜任这个任务。他精心制作了滑轮和杠杆的系统，独自启动了满荷负载和全体船员的船只。在"实验 13 滑轮如何升起重物"中，你会发现滑轮强大的优点。

实验 13　滑轮如何升起重物

题　目

当用滑轮升起一个重物,滑轮提供的是什么效应?

简　介

滑轮是一种简单机械,由绳、链或带连在一起的轮、轴组成。绳子嵌入轮子边缘的凹槽内,通过拉动绳子的一端,你可以将力传导给绳子另一端系着的物体。滑轮用来改变作用于物体的力的方向。也可以用来改变移动物体用力的大小。滑轮可以是移动的,也可以是固定的。定滑轮被固定在不动的一点。定滑轮的一个例子就是旗杆顶的滑轮。动滑轮可以在遮光窗帘上找到。当你拉动动滑轮的绳子,滑轮本身也改变了位置,通常是上下移动。

在这个实验中,你将比较3种方式提升大块物体所需的力。基于你的观察,你将评估出定滑轮和动滑轮移动重物的效能。

实验时间

45 分钟

实验材料

- 10 厘米长、5 厘米×10 厘米的木头或相似尺寸木块
- 2 枚大头钉，长度大约 5 厘米
- 锤子
- 空线轴
- 金属衣挂
- 钢丝钳
- 钳子
- 安全手套
- 防护眼镜
- 100 厘米长的线绳
- 2 把尺子，每把 30 厘米长
- 桌子、写字台或者其他稳固的平面
- 2 堆摆放整齐的书堆或者木块，每块至少 60 厘米高
- 长而细的橡皮筋

安全提示

本次实验要求在成人监督下进行。确保实验中，你及周围的人佩戴防护眼镜和安全手套。请仔细阅读并遵守本书"实验前必读"中的"安全准则"。

实验步骤

1. 请一位成人帮助自己戴上安全手套和防护眼镜，用钢丝钳剪断金属衣挂并将其拉直，做成一条 50 厘米长的铁丝。将铁丝穿过空线轴中央的孔洞。从铁丝的一端量出 20 厘米，用钳子在此处将铁丝弯成直角。在铁丝的另一端做同样的操作，注意两端弯曲的方向要一致。将两堆书或者两个木块放在你身前的桌子上，相隔 15 厘米。两堆书必须高度一致。将尺子放在书堆上就像形成了一座

桥。用钳子将铁丝两端折弯，能够挂在尺子上。这个装置如图1。

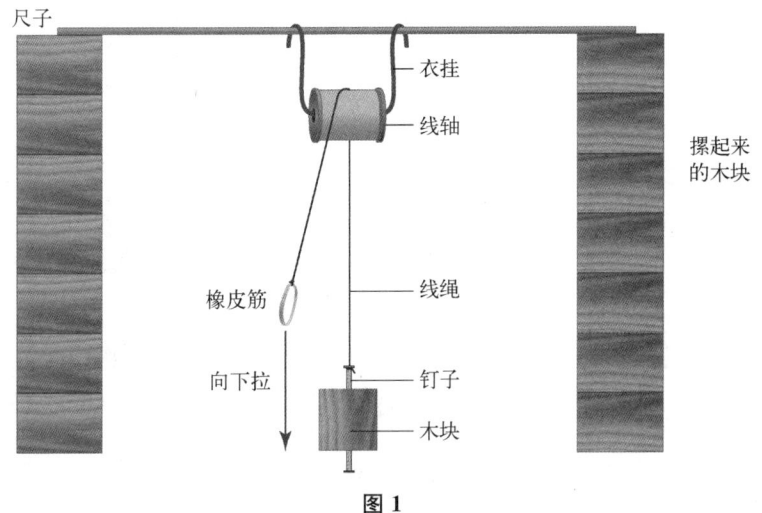

图1

2. 小心地将一枚钉子钉入木块的一面，钉子头露出木块表面约2厘米。将另一枚钉子砸入木块相对的另一面，看上去跟第一枚钉子效果相同。摘下安全手套和防护眼镜。

3. 把线绳的一端系在一枚钉子上，另一端系在橡皮筋上。拉着橡皮筋慢慢地提起木块。将木块提到垂直于桌面30厘米的位置。用尺子测量一下拉起木块的橡皮筋拉伸的长度。在数据表实验1栏目下记录下这个距离。拉伸的量相当于提起木块需要力的量。

4. 将系有橡皮筋的线绳一端，穿过滑轮和悬挂滑轮的尺子中间。你将要测试定滑轮的效能。向下拉动橡皮筋将木块升起到30厘米的高度。用尺子测一下橡皮筋拉伸的长度。在数据表实验2栏目下记录下这个距离。观察将木块升至30厘米，绳子被拉动了多长。

5. 将线绳从钉子上解下来。戴上安全手套和防护眼镜。用钳子打开铁丝钩，将铁丝从尺子上卸下来。弯曲铁丝的两端，使其勾在木块两侧突出的钉子上。摘下安全手套和防护眼镜。将线绳解下来的一端系在悬挂于两堆书上的尺子中间。将系有橡皮筋的线绳一端穿过线轴和木块之间的空隙。这个装置如图2。

6. 现在你要测试动滑轮的效能了。向上拉动橡皮筋，将木块升至离开桌面30厘米处。用尺子测一下橡皮筋拉伸的长度。在数据表实验3栏目下记录下这个距离。当你拉起木块的时候，观察一下线绳被拉动了多长。

实验13 滑轮如何升起重物

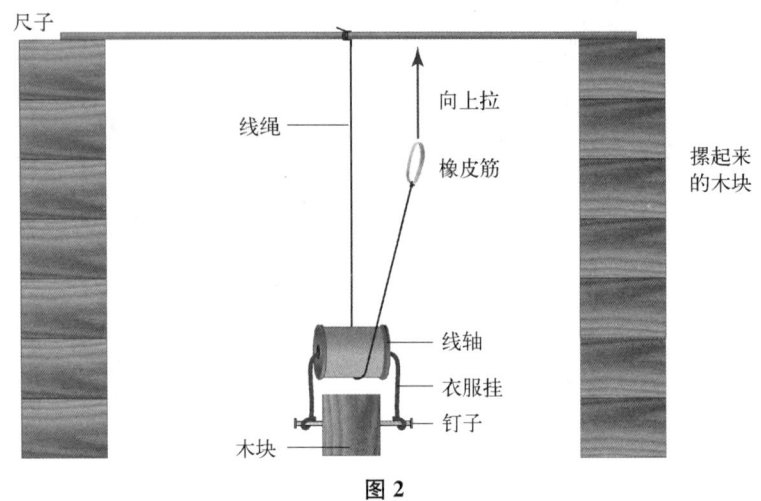

图 2

数 据 表 1

实　　验	拉　伸　距　离
实验 1	
实验 2	
实验 3	

分　析

1. 根据橡皮筋伸长的量,与实验 2 相比,实验 1 升起木块需要的力量如何?
2. 与实验 3 相比,实验 1 升起木块需要的力量如何?
3. 实验 2 与实验 3 相比,线绳被拉移动的距离如何?
4. 基于你的实验,定滑轮的效能是多少?
5. 动滑轮的效能又是多少?

实验中将会发生什么?

在这个实验中,测试了用两种不同的滑轮装置升起同一物体需要的力量。在实验 2 中,你用了一个悬挂在杆上的单独定滑轮。单独定滑轮改变了移动物体需要的力的方向。例如,通过向下拉绳子,可以通过水井顶部的滑轮升起一桶水。大多数人发现这比起向上拉要容易。无论你向上还是向下用力,提起水桶的力大小相同:只是改变了用力的方向。

在实验3中,你用了一个连接在木块上的单独动滑轮。这种情况下用于升起木块的力,要小于直接将木块从桌面上提起的力。这种用力的减少就被称作机械效益。为了获得这个效益,你必须将线绳拉出更远的距离。就像用很多简单机械一样,通过滑轮完成的功也是相同的。必须将物体移动更远的距离才能换取用力的减小。

实验结果

1. 没有定滑轮的情况(实验1)升起木块需要的力,与用定滑轮升起木块(实验2)的力相等。

2. 用动滑轮升起木块(实验3)的力,小于不用滑轮升起木块(实验1)的力。

3. 在实验3中,你需要将线绳拉出实验2距离的两倍远,才能将木块升起同样的高度。

4. 单独定滑轮不能够改变升起物体用力的大小,但是它可以改变用力的方向。这是主要的益处。

5. 动滑轮改变了用力的方向和升起物体用力的大小。

滑轮在现代世界的应用

滑轮经常用于将物体提升或者移动很大的距离。在大多数旗杆顶、晾衣绳末端和水井上方,都可以发现单独的定滑轮。这些情况下,滑轮被用于改变作用力的方向,使移动物体变得更容易。

单独动滑轮通常在重复升降的物体上被发现。很多遮光帘在两端都有这样的滑轮,就如同船帆。这些滑轮不仅改变了用力的方向,也减少了移动物体所用的力。

在提升重物的时候,单滑轮通常被滑轮组代替。这是很多吊车和电梯的重要部分。滑轮组有多个滑轮,通过一条绳或缆绕多次连在一起。滑轮组可以提供非常大的机械效益。每当一条绳或链穿过两个滑轮,机械效益就被增加了一次。如果你要用动滑轮提起100千克的木块,你仅需要一半的力就是50千克。用一个滑轮,每提起物体一米,你需要将绳子拉出2米的距离。

用在吊车上的滑轮组减小了升起物体所需的力,但是为了升起物体,吊车链需要被拉动更远的距离。

如果你用由 3 个定滑轮和 2 个动滑轮组成的滑轮组移动同一个木块,有 5 段绳子穿过滑轮组,所需要的力仅是不用滑轮时的 1/5。这是更大的机械效益,并且意味着做了更少的功。这种情况下,每提起物体一米,你需要将绳子拉出 5 米。你在减小用力方面受益,但是在移动距离上有损失。

齿轮:带齿的轮子

另一种轮和轴的演变是齿轮。齿轮看起来像个轮子,但是它的边缘均匀地排列着锯齿。在钟表、汽车、自行车、铅笔转刀、食物混合器甚至开罐器上都可以找到齿轮。就像滑轮一样,齿轮改变了用力的方向。它还能用于改变速度和增加转矩。

齿轮的第一次应用被证实是在至少 2 300 年以前。它应用于戽水车,这种车从湖、河中取水,由动物拉动。大约公元前 250 年,希腊哲学家费隆(Philon of Byzantium,公元前 280—公元前 220)写了一系列关于简单机械的书,描述了齿轮工作的几种方式。大概公元前25年前后，罗马建筑师马可·维特鲁威（Marcus Vitruvius Pollio，公元前80/70—公元前15）证明了齿轮可以与水车联合使用，为磨坊提供动力。在"实验14 齿轮如何影响运动"中，你将发现齿轮是多么简单的系统，能够用于改变运动的方向和速度。

实验 14　齿轮如何影响运动

题　目

齿轮如何改变机器运动的方向和速度？

简　介

齿轮是边缘有齿的轮子。齿轮之间用齿互相咬合在一起。齿轮可以在机器上将力从一个地方传递到另一个地方，比如汽车。在一个小汽车内，发动机的力通过"齿轮箱"传递到车轴，带动轮子使汽车前行。通过使用不同的齿轮组，驾驶人可以改变汽车的速度和动力。在这个实验里，你将研究齿轮的运动如何取决于其边缘齿或凹槽的数量。实验中，齿轮 A 有 10 个齿，齿轮 B 有 6 个齿。齿轮齿的数量不同，因此齿轮的尺寸不同。

实验时间

45 分钟

实验材料

- 2 张 20 厘米×30 厘米，大约 2 毫米厚的硬纸板
- 2 枚大约 2 毫米长，直径 10 毫米的黄铜书钉

- 2枚图钉
- 钢笔或铅笔
- 剪刀
- 手工刀或者X-acto刀(美国的一种修补刀片)
- 红色记号笔
- 30厘米的尺子
- 描图纸或者复印机
- 成年人助手

安全提示

本次实验要求在成人监督下进行。确保实验中,你及周围的人佩戴防护眼镜和安全手套。请仔细阅读并遵守本书"实验前必读"中的"安全准则"。

实验步骤

1. 用描图纸或者复印机,按图1的样式复制两个齿轮。用剪刀剪下复制的齿轮,放到纸板上描出同样的形状。

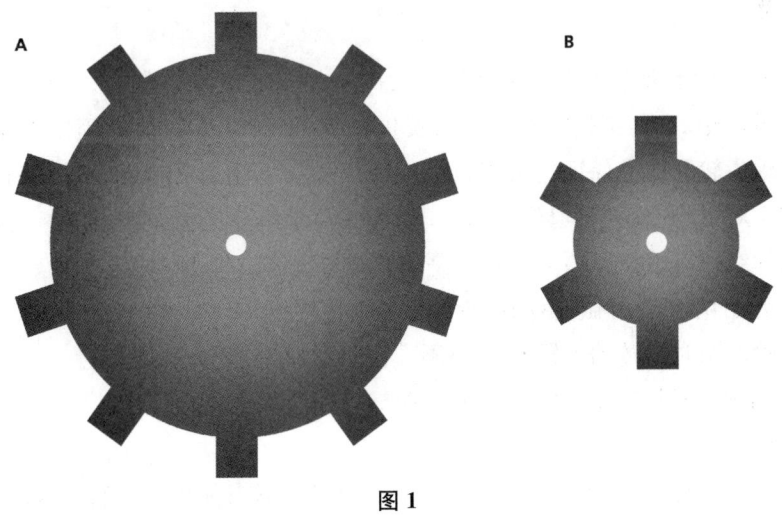

图1

实验14 齿轮如何影响运动　　75

2. 用红色记号笔在每个齿轮的一个齿上做记号。

3. 请一位成人用手工刀在硬纸板上把齿轮切下来(或用锋利的剪刀小心地剪)。在齿与齿之间切出凹槽,且不能将齿切掉。

4. 在大齿轮上标上"A",小齿轮上标上"B"。将两个齿轮靠紧,放在第二块纸板上,如图2它们匹配在一起。在齿轮A的中心按下一枚图钉,使齿轮固定在底下的纸板上。这个钉孔必须在齿轮的中心,否则它不能够正常地旋转。对齿轮B进行同样的操作。

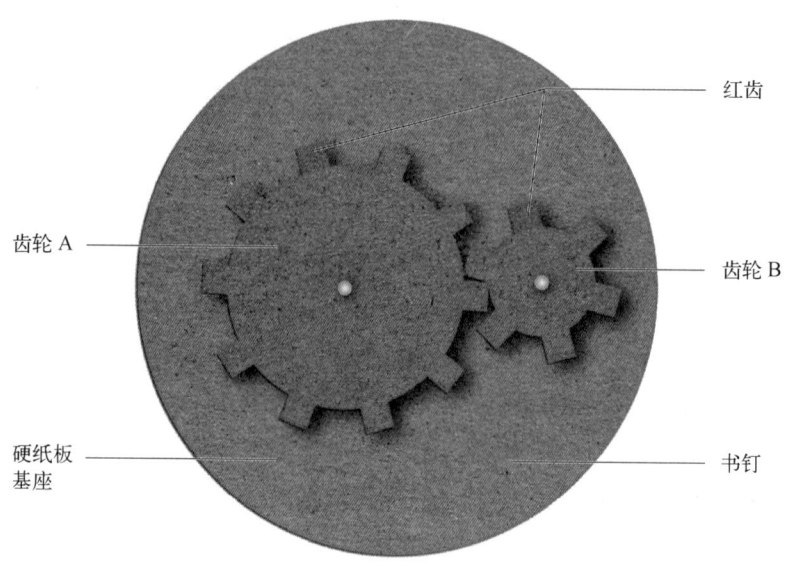

图2

5. 从齿轮上取下图钉。用笔尖扩大两个齿轮和纸板上的孔。用一枚黄铜书钉穿过齿轮A,再穿过纸板。折弯黄铜书钉的末端,此时齿轮固定在了纸板上。转动齿轮几次并保证它可以自由旋转。如果不能自由转动,再用笔将孔扩大一些。对齿轮B进行同样的操作。要确保两个齿轮的齿是咬合在一起的,每个齿轮的红齿应该位于顶部。这将是起始位置。

6. 开始用齿轮A做"驱动齿轮",就是你用手指转动的这一个。齿轮B就是响应齿轮。顺时针转动齿轮A一整圈。记录下齿轮B移动的方向。

7. 当你顺时针转动齿轮A 5圈的时候,让你的伙伴观察齿轮B。记录齿轮B旋转的周数。

8. 接下来你将用齿轮B来做驱动轮。预想一下当你顺时针转动齿轮B,齿轮 A 向哪个方向运动。当你顺时针转动齿轮 B 5 圈的时候,让你的伙伴观察齿轮 A。记录下齿轮 A 运动的方向和转动周数。

数 据 表 一

动 作	观 察
转动齿轮 A	
转动齿轮 B	

分 析

1. 基于你的观察,当两个齿轮咬合,它们相对对方而言朝什么方向旋转?
2. 当齿轮 A 带动齿轮 B,齿轮 B 转得更多、更少还是与齿轮 A 相同?
3. 当齿轮 B 带动齿轮 A,齿轮 A 转得更多、更少还是与齿轮 B 相同?
4. 基于你的观察,当一个大齿轮带动一个小齿轮,小齿轮的速度会如何变化?当一个小齿轮带动一个大齿轮,大齿轮的速度又会如何变化?
5. 为了让两个齿轮以相同的速度,向同一个方向旋转,你需要做什么?

实验中将会发生什么?

当两个齿轮互相锁在一起,它们运动的方向是相反的。如果齿轮尺寸相同(有同样数量的齿),它们会以相同速度运动。如果大齿轮驱动小齿轮,大齿轮每转一周小齿轮要转得更多,这意味着小齿轮比大齿轮转动得快。当一个小齿轮带动一个大齿轮,发生相反的情况。小齿轮每转一周,大齿轮转得更少。这个原理经常被用于小汽车、摩托车和其他机动车。当需要变速的时候,叫作变速箱的装置会允许驾驶者更换齿轮。通过更换齿轮去配合要达到的速度,减少发动机的马力负担,也会节约汽油。

实验结果

1. 当一个齿轮带动第二个齿轮,两个齿轮总是向着相反的方向转动。
2. 齿轮 B 比齿轮 A 转的周数多。

3. 齿轮 A 比齿轮 B 转的周数少。

4. 当大齿轮带动小齿轮，小齿轮转得更快。当小齿轮带动大齿轮，大齿轮转得更慢。

5. 为了让两个齿轮以相同的速度向同一方向转动，它们需要用第三个齿轮来同时连接。

齿轮在现代世界的应用

由于不同的工作要求，齿轮被设计成一系列的形状和尺寸。在"实验 14 齿轮如何影响运动"中，两个齿轮都是平的，且在同一个平面转动。这些被称为"直"齿轮。一些机器要求转动平面是可以改变的。例如，打蛋器手柄垂直转动使打蛋器发生水平旋转。这是由于应用了冠齿轮。冠齿轮是有斜度的，或者被削出一定角度。另外一种改变转动平面的方法是用涡轮。这种齿轮看起来就像是一个螺杆，它的螺纹与直齿轮的齿咬合在一起，在直齿轮中旋转。最后，齿轮还可以被用于将旋转运动向往复或来回运动的转换。在"齿条与控制齿轮"的齿轮装置中，控制齿轮是一种直齿轮，齿条上有齿且轨迹平直，齿轮可以来回在齿条上运动。

齿轮的一个重要特征之一，就是它们可以与其他组件合作去驱动机器。比如在自行车上，齿轮并不是直接相连的。相反的，它们被链条链接。这使得踏板上用的力转递到车的后轮。在"实验 15 通过齿轮和链条传导的力"中，你会发现齿轮、链条、踏板和轮子是如何联合在一起，充分利用你的运动的。

实验 15　通过齿轮和链条传导的力

题　目

当你蹬车时,自行车的齿轮和链条如何改变速度和动力?

简　介

即便是1速的自行车也是一个组合机械。组合或复合机械是几种简单机械的联合。图1展示了典型自行车的组件。

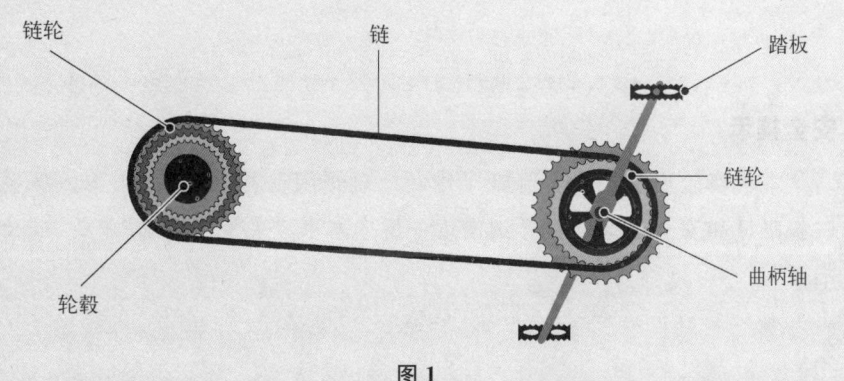

图1

当你蹬车,腿在踏板上的运动被曲柄转化为圆周运动。踏板是改进的轮和轴。曲柄轴被固定在叫作脚蹬链轮的大齿轮上。当你蹬的时候,它就会转动。在10速或以上的自行车上,脚蹬链轮有好几个不同尺寸的齿轮。绕着后轮轴的是叫作车轮链轮的齿轮。它被链条连接到脚蹬链轮上。多速自行车的车轮链轮上最多可以有 7 种齿轮。在这个实验里,你将测定链轮和后轮如何增大踏在踏板上的力,让你以高速率飞驰。

实验时间

30 分钟

实验材料

- 自行车
- 卷尺或米尺
- 计算器
- 钢笔或铅笔
- 红色永久记号笔
- 纸巾
- 助手

安全提示

本次实验要求在成人监督下进行。确保实验中,你及周围的人佩戴防护眼镜和安全手套。请仔细阅读并遵守本书"实验前必读"中的"安全准则"。

实验步骤

1. 请一位成人将自行车倒置在地板上,车把和车座着地。确保车把是直的,车子是稳定的。用纸巾擦去车轮链轮和脚蹬链轮上过多的润滑油。

2. 在每个链轮上都找到竖直向上或几乎竖直向上的那个齿,用红色记号笔做上标记。这些是你的参考齿。如果自行车的链轮上有多个齿轮,每个链轮上仅选择一个来使用。确保链条连接着你所选择的两个齿轮。

3. 由参考齿开始,数出车轮链轮上的齿数,在数据表上记录下来。对脚蹬链轮进行同一操作。用脚蹬链轮齿数除以车轮链轮齿数,得到的数字叫齿轮比。在数据表上记录下齿轮比。

4. 用一只手,慢慢地转动踏板上的曲柄一周。观察链条和后轮的运动方向。

5. 让后轮停止转动。调整两个链轮,使有标记的齿在竖直向上的位置。当你将脚蹬链轮转动一周的时候,靠近观察车轮链轮。你或许需要一个人来帮助你完成。数一数,当脚蹬链轮转动一周,车轮链轮转了几周。在数据表里记录下这个数字。

6. 用卷尺或者码尺,测量后轮的直径。要从边缘开始,经过车轴,到另一边。在数据表上记录下这个距离。用 π(3.14) 乘以轮直径,计算出后轮的周长,并记录下来。

数 据 表 一

车轮链轮的齿数	
脚蹬链轮的齿数	
车轮链轮的齿数除以脚蹬链轮的齿数	

数 据 表 二

链条和后轮的方向	
车轮链轮观察情况	

分 析

1. 当你转动曲柄,车轮向什么方向转动?如果没有链条,两个齿轮直接连在一起,运动情况会有什么不同?

2. 当你转动脚蹬链轮完整一周,车轮链轮转了几周?这个数字与齿轮比相比呢?

3. 当你转动脚蹬链轮完整一周,自行车向前移动多远?

4. 基于实验结果,人骑车的时候,链传动和后轮提供了怎样的益处?

实验中将会发生什么？

在自行车、摩托车、一些割草机和链锯上可以发现链传动装置。链传动将力从发力地点传动到它被需要的地点。自行车上的链条链接脚蹬和后轮，使骑车人能够推动自己前进。脚蹬和后轮处的链轮是改变转速的齿轮。通常当两个齿轮连接在一起，它们向着相反的方向运动。由链条链接的两个齿轮可以向着同一个方向转动。这意味着，当你骑车的时候，脚蹬运动的方向就是自行车运动的方向。

当不同尺寸的齿轮被连在一起，有一个速度的变化。当大齿轮带动小齿轮，较小的齿轮会转动更多，速度增加。自行车上的脚蹬链轮几乎总是比车轮链轮大一些。这意味着脚蹬每转一周，后轮会转动超过一周，使自行车加速。用脚蹬链轮齿数除以车轮链轮齿数得到一个叫作齿轮比的值。例如，如果脚蹬链轮有48个齿，车轮链轮有24个齿，齿轮比就是48/24，或者2∶1。这说明脚蹬链轮每转动一周，车轮转动两周。如果车轮链轮有12个齿，齿轮比将是4∶1。这种情况下，脚蹬链轮每转动1周，后轮将转动4周，产生了很大幅度的加速。

实验结果

1. 曲柄和车轮转动方向一致。相比之下，两个连接一起的齿轮会朝着相反的方向转动。

2. 车轮比曲柄转动多。脚蹬链轮每转动一周，车轮链轮转动的周数几乎等于齿轮比。如果齿轮比是3∶1，那么脚蹬链轮每转动1周，后轮转动3周。

3. 自行车在地面前进的距离等于车轮的周长乘以齿轮比。如果自行车轮的直径是61厘米，它的周长大约是190.5厘米。如果齿轮比是3∶1，那么脚蹬链轮每转动一周，自行车向前移动571.5厘米。

4. 通过链条驱动两个不同尺寸的链轮，一个人交替蹬踏很短的距离，却可以前进很大一段位移。这使得人们可以在很短的时间，移动很远的距离。

与摩擦效用作斗争

轮子、滑轮、齿轮和链条促使机器运转。但是它们都受制于一个主要问题：

摩擦。就像我们在本章开始讨论的，无论何时物体相互发生位移，摩擦都使它们彼此阻碍。这种阻碍需要额外的力来克服，以保持机器运转。摩擦还有一个严重的效应：生热。还记得擦掌的实验吗？在机器中，摩擦存在于齿轮间、轮轴上和链条上，产生了大量的热量。这些热量常常让金属部件膨胀挤在一起不动，导致机器失灵。

避免摩擦力的一个方法就是在运动部件上使用润滑油。当手是湿润或者沾有肥皂的时候，试着摩擦手掌，你会发现手掌不会像手干时摩擦得那么热。这就是为什么汽车发动机需要使用机油。油裹在运动部件上，这不仅减小了摩擦，而且有助于发动机冷却。自行车由于摩擦而失灵的危险远小于汽车。然而，生锈的链轮和链条会使自行车很难被蹬动。由于这个原因，骑车前保持链条和所有齿轮的清洁，并充分上油是十分重要的。

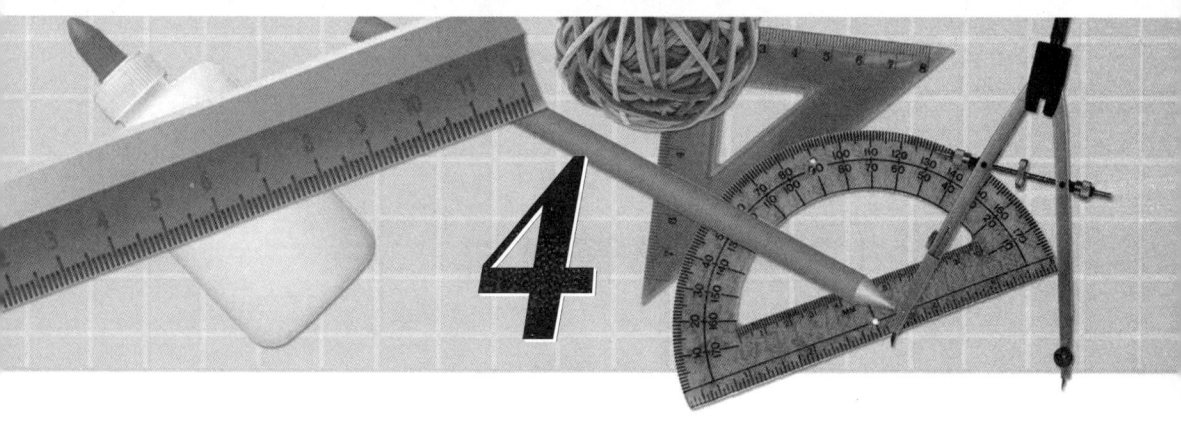

为人类服务的力量

随着滑轮、齿轮和链条的发展,人们可以建造更大更复杂的机械。但是这些新的机械带来了另一个问题,它们都需要能源来运行。几千年前,人类唯一的能量就是人类的肌肉。犁地、挑水、磨磨需要的力,都大于一个正常人拥有的力气。

大约在公元前 2000 年,居住在埃及的人们发现他们可以利用绳子绑住家畜、牛和其他牲畜来犁地或拉车。使这变为可能的装置是一种木质结构,叫作枷锁。起初,人们把枷锁拴在牛的角上,但这并不是十分有效。人类重新设计枷锁使它缠绕在动物的脖子上,这使动物可以用肩膀推动枷锁,从而输出更多的力量。

弹簧的发展

利用动物做重活是一个能解决动力问题的方法,但是一些设备不适合由动物提供动力。人们需要一种可以储存并且在需要的时候可以释放能量的便携式动力来源。答案是叫作弹簧的一种小装置。

弹簧可以用任何材料制作。弹簧最重要的属性是它在力的作用下可以扭曲或者拉伸,当力撤掉时它可以恢复原状。在"实验 16 测试弹簧材料"中,你将制作一个简单的弹簧弹射器,用来测试几种不同材料的弹性。

4. 为人类服务的力量   85

实验16　测试弹簧材料

题　目

制作弹簧材料的种类对弹簧存储能量的能力有影响吗？

简　介

人们认为弹簧通常是长的金属弹性线圈。金属弹簧在现在非常普遍，但是最初的弹簧是木制的。尽管它看起来不像，但是最早的弹簧装置是弓和箭。当弓弦被向后拉的时候，弓上的木制部分将会弯曲并存储能量；当弦被释放的时候，木制部分恢复原状，产生向前的冲力。科学家并不确定弓和箭是什么时候发明的，但是的确可以追溯到公元前2.5万年。

到了公元前250年，人们开始实验用青铜做弹簧运用于弓弩中。在这个实验中，你将分别用塑料弹簧、木制弹簧、金属弹簧做3个简单的弹射器，看看哪一种弹簧储存和释放能量的势能最强。

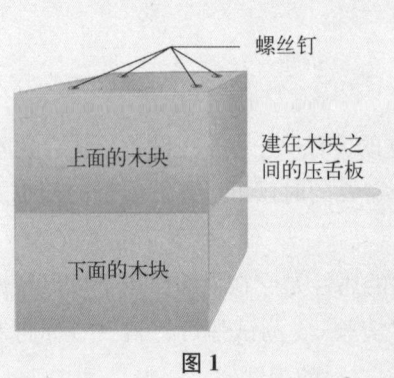

图1

实验时间

45 分钟

实验材料

- 15 厘米×2.5 厘米的硬纸板条
- 大约 15 厘米长的一次性塑料刀
- 15 厘米×2.5 厘米的木制压舌板或木板
- 6 个 4 厘米×10 厘米×10 厘米的木块
- 12 枚长 7.5 厘米的木制螺丝
- 螺丝刀或合适于螺丝头的电钻
- 尺
- 卷尺
- 1 颗小棉花糖
- 安全手套和防护眼镜
- 助手

安全提示

请仔细阅读并遵守本书"实验前必读"中的"安全准则"。

实验步骤

1. 按照图纸,制作第一个弹射器。将一个木块平放于桌面上,或者其他牢固的表面。将压舌板平放于木块上。压舌板的一边要超出木块边缘 10 厘米。用尺检查距离。将第二个木块平放于第一个木块的顶部,使压舌板被夹在两个木块中间。把木块的边缘对齐,让成年人把两个木块用螺丝固定在一起。4 个螺丝钉应该按照图纸中的位置来钉。压舌板不能在木块间滑动。

2. 按照第一步的步骤，制作其他两个弹射器，一个用纸板做，另一个用塑料刀。确保超出木块的部分与压舌板一样长(10厘米)。当用塑料刀时，要将刀刃一端置于木块之间，把手的一端露在外面。

3. 将弹射器放在硬地面(无地毯)或者矮桌子上。你将把棉花糖弹到空中，你的助手将用他的手标记棉花糖到达的高度。记录数据之前，试试每个弹射器确保弹簧不会滑动。如果滑动，将螺丝钉拧紧些。

4. 将棉花糖放在压舌板的自由端。用一只手将木块稳稳按在地板上，另一只手按压压舌板，使压舌板前端碰到地面。确保你的脸没有在压舌板上方(戴上防护眼镜以防万一)，释放压舌板。棉花糖将被竖直弹到空中。让你的助手用手标记下棉花糖被弹起的最高位置。用卷尺测量并在表格中记录下这个距离。用压舌板弹射器再做两次这个实验。然后用其他两个弹射器重复这个步骤。用相同的棉花糖做每个实验。在下面的表格中记录下每个实验的最高点。

数 据 表 1

弹簧种类	木　制	塑　料	纸　板
实验 1			
实验 2			
实验 3			

分　析

1. 基于你的观察，哪个弹射器始终将棉花糖弹得最高？
2. 3种材料的什么性质将可以解释这些结论？
3. 为什么测试每个弹射器各3次？
4. 在每个试验中为什么要确保每个弹射器的长度一样？为什么用同一块棉花糖？为什么用同一个方法弹射？

实验中将会发生什么？

能做出好弹簧的材料，必须足够坚硬，可以在被弯曲后还能保持形状，但是又必须足够柔韧，以在弯曲后不会损坏。这个性质叫作弹性。在这个实验中，你测试的 3 种材料都在一定程度上具有弹性,但是它们产生了不同的结果。纸板容易弯曲,在多次试验后,它不能恢复原来的形状。木板在一定程度上能弯曲,但是如果弯得太大将会断裂。塑料在 3 种材料中是最具有弹性的,应该得出最好的结果。

所有弹簧都是靠储存势能,然后释放它,将势能转化为动能。当你按下弹簧的时候,你在使用能量。这些能量的一部分作为势能储存在弹簧里。当你释放弹簧,这些势能转化为动能,弹簧恢复原状。受到压力很容易被弯曲的材料不能做成好的弹簧;受到压力时太脆或容易断裂的材料也不能做成好的弹簧。

实验结果

1. 塑料刀的实验结果是最好的。
2. 纸板不够坚硬,不能用去做一个好弹簧。木板可以,但是弹性不如塑料刀。
3. 实验进行 3 次,这样的结果可以用于一致性检查。
4. 所有的弹射器长度一样,用同样的方法实验以保证实验中误差最小。如果用不同的方法,对于这些材料而言,将不是一个公平的实验。

弹簧在现代世界的应用

尽管现代社会中不是特别需要弹射器,但是弹簧是许多机械和仪器的重要组成部分。弹簧演变出许多形状和规格。

最常见的机械弹簧是螺旋弹簧。螺旋弹簧通常用金属制成,类似于一个缠绕成螺旋形的大线圈。螺旋弹簧在锁、秤、床垫和沙发座椅上很常见。螺旋弹簧可以保持房屋外门的关闭和车库门的开启,还可以使汽车方向盘在转动后回到原来的位置。螺旋弹簧还可以用来制作好玩的玩具,这点所有"机灵鬼"(一种玩具)的拥有者可以证明。

叶片弹簧是平面金属条,它们提供车辆的负载支持。卡车和火车的轮轴和底架之间就有叶片弹簧。没有这些弹簧吸收能量,机车颠簸前进的时候会损坏轮轴。

在电被广泛应用之前,盘簧是手表和钟表的主要动力来源。盘簧,像螺旋弹簧一样,也是盘旋的。它是由长的、细的扁平型金属做成,类似于蜗牛壳状。当人们给表上弦的时候,他们转动了一个连在盘簧上的齿轮。当盘簧被释放的时候,它将储存的能量以缓慢、平稳的速度释放。

自然的力量

弹簧作为向武器和小型机械提供动力的装置,迅速传遍罗马帝国,但是人类始终没有巨大的动力来源去驱动磨坊和抽水。部分问题随着绞盘这种轮状设备的产生被解决。当一组动物被拴在绞盘上,它们将绕着一个圆形的圈走,这种旋转运动可以被利用。这使情况得到了改善,但并没有彻底解决问题。动物驱动的机械受限于动物的力量和耐力。人类需要永远不会枯竭的动力来源。所以,他们将注意力转向自然,由流动的风和水所提供的力。

早期用于提升液体的链斗传送器与绞盘很相似,用动物驱动。上图中,缅甸的花生油磨坊里牛的走动提供着动力。

利用风做动力已经不是一个新想法。记录显示,早在公元前 3500 年,人们制造了利用风力的帆船。然而,利用风能和水能来抽水和驱动磨坊有一点复杂。大约在公元前 200 年,第一座水磨坊在旋转绞盘的原理上构造出来,取代了由绕圈走的动物带动旋转,动力来自水流,水流不断冲击连在轴上的桨。整个装置被放于流速很快的河里或者河边,流水的冲力使轮子旋转。早期的水车是在动物驱动的磨粉机基础上的重大改进,但它的效率并不很高。

水力利用的真正突破在于立式水车的发展。这种样式的水车,桨上下运动就像是摩天轮,而不是旋转木马一样绕圈。立式水车比水平磨粉机更有效率,但是为了使其工作,需要一系列的齿轮来改变运动的方向。最早关于立式水车的记录可以追溯到罗马工程师马可·维特鲁威。大约在公元前25年,他描述了怎样利用立式水车建造磨坊。所有早期的磨坊功能都以"下射"为特征。在这个设计中,水从水车下流过,冲击桨使轮子转动。与水平磨粉机一样,最初的下射式水车依靠江河的自然水流运转。这意味着如果水位下降,或者水流减缓,磨坊将停止转动。

到了公元500年,工程师解决了如何在枯水期使用磨坊这个问题。取代水从水车下部流过,他们创造了一种上射式水车,这种水车水冲击轮子的上部。这种设计比下射式提供更多的动力,因为这种水车依靠水的冲击力和重力打在桨上而转动。上射式水车的建造需要做更多的工作,需要一个人工渠道将水从河流中运到水车的顶部。而且,为了使水位一直保持足够高,水车边上需要建一个坝。这个坝形成了一个"水车池塘"来储水。

利用水力来驱动磨粉机,磨坊必须靠近流水。不久后,人们意识到流动的空气也可以用来驱动磨坊。最早关于风车的记载可以追溯到公元600年的波斯,也就是现在的伊朗。像早期的水车磨坊一样,早期的风车磨坊也有一个竖直的轴,并水平旋转(像旋转木马一样)。叶片被设计成按照帆的原理捕捉风的能量。船帆的设计最终让叶片更有效地工作。水车和风车是涡轮的例子。在"实验17 涡轮的旋转叶片"中,你将有机会测试一个简单的风动涡轮,并且了解如何通过流动的空气取得最大的力量。

实验 17　涡轮的旋转叶片

题　目

叶片的设计如何影响涡轮机的效率？

简　介

涡轮酷似风扇。它有一个带有叶片的中心旋转轴，它的设计是当叶片被气体或液体冲击的时候，叶片会转动。涡轮可以获取风、蒸汽和流水的能量，还可以作为其他机械的引擎。涡轮最早用于水车和风车。随后，燃气和蒸汽的涡轮被发明出来。在这个实验中，你将通过测试，看看涡轮叶片的分布如何影响涡轮的效率。

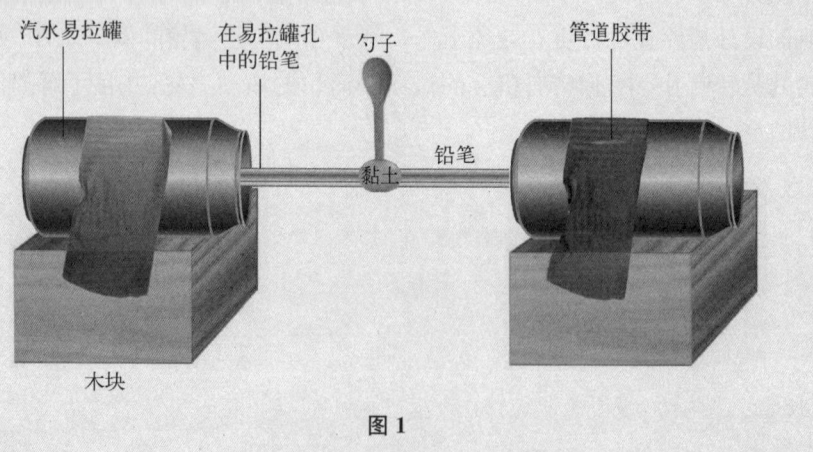

图 1

实验时间

45 分钟

实验材料

- 没有削过的铅笔,最好是圆的
- 大约 2.5 厘米×2.5 厘米×5 厘米的一次性橡皮泥
- 4 个塑料勺
- 安全眼镜
- 强力剪子
- 尺子
- 2 块 5 厘米×10 厘米×10 厘米的木块
- 一卷管道胶带或塑料电工胶带
- 2 个去掉拉环的干净的 300 毫升空可乐罐子
- 手握式干发器(吹风机)

安全提示

请仔细阅读并遵守本书"实验前必读"中的"安全准则"。

实验步骤

1. 请成年人用强力剪将塑料勺的手柄剪掉,在每个勺子挨着碗状部分留下大约 2 厘米的手柄。

2. 将橡皮泥粘在铅笔的笔杆中间。用手指整形,使橡皮泥均匀地、紧紧地包裹在铅笔周围。完成后,铅笔上橡皮泥块大约是 2.5 厘米粗。将一个可乐罐子放在木块上。转动罐子,使开口的一端对齐木块的一边。用胶带将罐子和木块固定在一起。重复该步骤将另一个木块和罐子组合在一起。木块和罐子将是涡轮的基础。

3. 将两个木块挨着摆放在桌子上。罐子开口彼此相对。将铅笔的两端分别放进罐子里。移动木块，使铅笔悬在两个木块之间。两个罐口的距离应该大约10厘米，并且橡皮泥的部分应该在两个罐子中间。拿一个去掉柄的勺子插在橡皮泥上，使勺子的碗状部分面向你。勺子将作为涡轮的叶片。这个涡轮应该看起来像图纸上所画的。

4. 将吹风机开到高档，冲着勺子。观察当风吹在勺子上会发生什么情形。关闭电吹风。

5. 转动涡轮的中心轴使勺子竖直冲下。插入另一个勺子，使它竖直向上。它应该与第一勺子相对。打开电吹风，吹向上部的勺子。观察当风吹向勺子的时候发生了什么。

6. 将涡轮完全调转过来，当你看转轴的时候，勺子背面是对着你的。打开吹风机对准上面的勺子。观察当空气吹到勺子上，发生什么情形，与步骤5中的观察结果相比如何？

7. 将涡轮翻转过来，勺子碗状部分依然对着你。转动中轴，使两个勺子保持水平。一个正对着你，另外一个对着相反的方向。将第三个勺子插入橡皮泥，方向指向正上方。它的碗状部分正好与其他两个同向。3个勺子两两垂直。打开吹风机对准其中的1个勺子，观察会发生什么。

8. 将第四个勺子插在第三个勺子的相反位置。4个勺子两两垂直。打开吹风机对准其中的1个勺子，观察会发生什么。比较这次实验与其他实验的不同。

分　析

1. 当你让只有一片叶片的涡轮旋转的时候，发生什么情形？为什么？
2. 吹动勺子，是勺子面对气流还是背对气流时涡轮转得更快？为什么？
3. 在哪个试验中涡轮旋转最有效率？为什么？
4. 为什么涡轮的叶片要被均匀地安装在中轴上？

实验中将会发生什么？

涡轮的效率由几个因素控制，包括叶片形状、叶片数量和叶片间距。早期的水车,叶片是平的,看上去就像船浆。这个设计有一定作用,但是人们发现使叶片轻微凹陷(像碗或者勺),水会提供更多的能量。总而言之,一个涡轮的叶片越多,它就能从经过的流体里获得更多的能量。但一个涡轮有多少叶片,有实际应用的限制。当叶片数量增加,叶片间距就会减小。这干扰了流体经过叶片的能力。在某些情况下,会降低涡轮的效率。在现代涡轮被造出之前,工程师经常愿意使用计算机模型,管理流体经过叶片时的复杂的流分析。一些情形下,叶片数越少,反而使涡轮更有效率。

通常影响涡轮效率最重要的因素不是其大小、形状或者叶片的大小,而是从头至尾的间距。为了让涡轮转得更有效,重量需要均匀地分布。这意味着,叶片必须被均匀放置。如果一个叶片掉了,涡轮就会摇动以至于停下来不动。

实验结果

1. 只有一个叶片的涡轮是不会旋转的,因为所有的重量都集中在中轴的一侧。为了转起来,一个涡轮至少有两片叶片安装在正好相对的位置上。

2. 当勺子碗状部分正面对着电吹风,涡轮旋转得更快。勺子碗状部分凹陷的形状捕获更多的流动空气。勺子背面是凸起的形状,这使得空气从勺子周围流过。

3. 有 4 片叶片的涡轮转起来最容易。增加叶片数量一般情况下都增加了涡轮的效率。

4. 如果叶片不均匀地分布,涡轮旋转的时候会摇摆,降低整体的效率。

涡轮机在现代世界的应用

今天在很多需要绕轴运动的工作中,都可以找到涡轮的存在。尽管它们依然遵循与过去水车和风车同样的简单原理,但现代涡轮大大提高了效率,看上去也与早期设备有很大不同。根据驱动流体不同,将涡轮分为 4 种。水力或水压的涡轮是靠流水的力来转动,它们通常用在电厂转动发电机来发电。风力涡轮也用于发电,经常在风力发电厂,发现成群的几十个风力涡轮,在那里独立地转动。这些涡轮被安装在至少高达 91 米的巨塔上。与老式的风车相比,涡轮看上去更像巨大的室内风扇。水力和风力的涡轮都依靠自然的力量运转。另外的两种燃气和蒸汽涡轮靠热量运转。燃气涡轮也可以用来发电，但是更多的时候它们被用于驱动飞机和泵。大多数喷气式发动机都是由燃气涡轮来驱动。加速废气通过高压喷嘴被释放，为飞机的移动提供了推力。

在加利福尼亚沙漠中的这些风力涡轮，通过捕获风能工作。

在发电领域，蒸汽涡轮才是个真正的实干家。沸腾的水产生高压蒸汽，驱动涡轮工作。蒸汽涡轮可以与很多燃料配合，包括煤炭、石油、天然气甚至废物。核电站用蒸汽涡轮发电。核反应堆仅提供热量，使水变成蒸汽，其他的工作由涡轮来完成。

利用热量

用热能使物体移动不是一个新想法，这可以追溯到人们第一次发现物体加热之后的变化。在我们真正懂得如何应用热能使物体移动之前，我们必须从科学的立足点来定义热量这个词。当科学家使用"热能"，他们是指一个物体内部分子能的多少。所有的物质都由微小的粒子组成，这个粒子叫分子。所有的分子都匀速运动，前后振荡，这些振荡就是动能。热能就是单个分子动能的量。

在固体里，分子振荡幅度很小，这是为什么固体能保持固定形状和尺寸的原因。在液体里，分子振荡更快些，所以液体没有固定的形状。在气体里，分子振荡非常快。在"实验18 温度变化如何影响气体"中，你会发现温度的变化将影响分子运动，形态的简单变化会成为力的源泉。

实验18　温度变化对气体的影响

题 目

温度的变化如何影响气体的体积和压力？

简 介

所有的物质都由匀速运动的分子组成。当物质被加热，分子开始加速振荡，物体的体积被改变。体积的变化可以用来驱动机器。

在地球上，有3种物质的常态：固体、液体和气体。在一些情况下，施以足够的热量，一种状态（如液态）的物质可以变为另一种状态（如气态）。在这个实验中，你将通过测试，看到气体被加热和冷却时体积的变化，以及物质态的变化如何使物体发生移动。

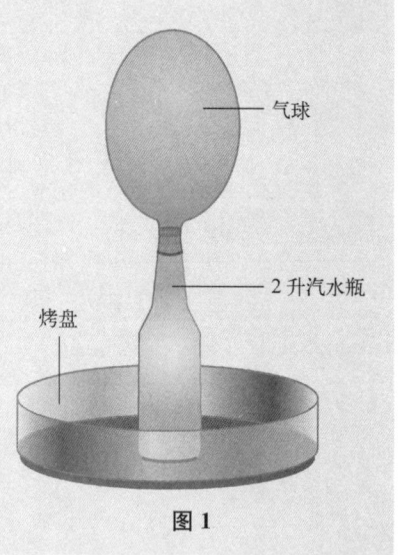

图1

实验时间

30分钟

实验材料

- 揭掉标签的、干净的2升空汽水瓶
- 直径20厘米或更大的未被吹起的圆气球
- 大而空的打蛋盆（金属）或烤盘
- 热水
- 有秒针的表或者计时器
- 15—20块冰块
- 装满200毫升水顶部有哨的茶壶
- 电炉或加热器
- 微波手套

安全提示

本次实验要求在成人监督下进行。请仔细阅读并遵守本书"实验前必读"中的"安全准则"。

实验步骤

1. 将茶壶放在加热器或者电炉上，请一位成人打开加热开关。让水加热几分钟，观察茶壶嘴。一旦茶壶开始吹哨，观察茶壶嘴30秒，然后关上加热开关，让茶壶冷却5分钟。

2. 将气球放在空瓶上，将瓶子竖直放在空碗或者烤盘上。观察气球里面有多少空气。

3. 用微波手套握住瓶子颈部，请一位成人把茶壶水倒入碗或者盘里，到一半的位置。水不应该沸腾，但是依然很热。小心不要溅在没有防护的皮肤上。让瓶子在热水里坐1分钟。当你让瓶子保持不动时不要挤压瓶子。1分钟后，拿走瓶子并放在桌子上。观察气球里有多少空气，并做记录。

4. 让瓶子处于室温下在桌子上放置3分钟。在你等待的过程中，倒掉碗里或盘里的热水,并将其放回台面。3分钟后,观察气球里有多少空气,并做记录。

5.将套有气球的瓶子放回空碗里。倒入冰块,使瓶子被冰块包围。要保证冰块被宽松地堆在一起,不要对瓶子造成物理压力。让瓶子在冰里放1分钟。1分钟后,从冰里取出瓶子放在桌子上,观察气球里有多少空气,并做记录。

分　析

1.当水变热时,你观察到从茶壶里出来了什么?一旦茶壶开始吹哨,又发生了怎样的变化?

2.当你把瓶子放在热水里时,气球发生了什么变化?

3.当你用冰冷却瓶子的时候,气球发生了什么变化?

4.步骤1状态是如何改变的,如何利用步骤3和步骤5中体积的变化驱动机器?

实验中将会发生什么?

通常条件下,大多数物体在加热时膨胀,这是由于分子开始更快振荡的事实决定的。它们振荡得越快,离得越来越远。气体在加热时急速膨胀。然而一旦气体冷却,分子振荡开始减慢,气体收缩。在汽车发动机上,通过对气体加热或冷却,利用气体的膨胀和收缩推动活塞,使发动机运转。

气体并不是唯一一种由于温度变化,膨胀或压缩的物质。如果加热液体,液体也会膨胀,但是如果持续加热,它会经历状态的变化,变成气体。这个改变的发生是由于内部能量变得太大,使物质无法保持在液态。当水被加热,它生成的气体叫水蒸气。如果水在有限的器皿内,被加热到沸点(100℃),就可以做功了。蒸汽涡轮在流动的气流带动下旋转。除了移动气体是加压的水蒸气而不是空气之外,蒸汽涡轮工作起来就像风车。最早的蒸汽动力装置之一的涡轮,应该是在公元1世纪由希腊哲学家希罗·亚历山大(Heron of Alexandria,公元前10年—公元70年)建造的。它用来做玩具而没有实际应用的目的。

实验结果

1. 当茶壶变热,壶嘴出现了一小缕水汽。当茶壶开始吹哨,水汽变成了壶顶的喷射流。
2. 当瓶子被放在热水碗里,气球膨胀。
3. 当瓶子被冷却,气球瘪了。
4. 茶壶喷出的气流可以用于转动涡轮。瓶中膨胀和收缩的气体可以用来移动活塞。

活塞的力

很难说清,谁第一个想出用膨胀和收缩的气体作为力的来源,但是这个想法至少2 000年前就出现了。在大约公元前250年,许多希腊哲学家包括费隆和亚历山大·特西比乌(Ctesibius of Alexandria,公元前285—公元前222)尝试通过改变气体的体积来使装置运动。特西比乌造了一个用压缩气体发声的乐器。气体的压力来源一个叫活塞的装置。

尽管活塞的创意远在古希腊就已出现,但是活塞能够使机器运动的真正价值直至16世纪才被认识到。住在欧洲的一群科学家和工程师开始用活塞来论证气压产生力。1698年,英国工程师托马斯·萨弗里(Thomas Savery,1650—1715)设计出第一个被应用的活塞蒸汽机,用来从矿井中抽水。随后的短短几年里,其他的工程师包括托马斯·纽可门(Thomas Newcomen,1664—1729)和詹姆斯·瓦特(James WATT,1736—1819)改进了萨弗里的设计。在18世纪初,活塞蒸汽机在磨坊和工厂里、汽船和火车上工作。它们可以被安装在任何地方,所以人们不再必须依赖水、风或者动物的力量。蒸汽机是工业革命的原动力,而这全是由于活塞的力量。在"实验19 活塞运动改变压力"中,你将制造一个简单的活塞,看看它的活动如何影响容器中的气压。

实验 19　活塞运动改变压力

题　目

活塞的运动如何改变气缸内的气压?

简　介

在很多现代机械中,活塞是重要的组件。活塞的工作是在圆形空间内上下滑动,这个空间就叫作气缸。当活塞移动,它改变了气缸内所充气体的体积。这改变了气压,并利用这个变化来做功。在这个实验中,你将通过测试看到,气缸内所充的气体的体积和压力,随着活塞移动如何变化。

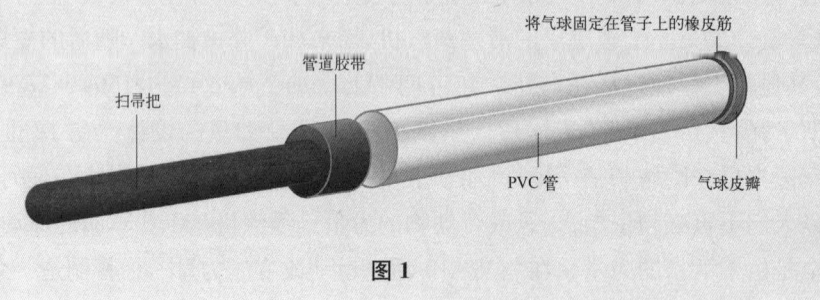

图1

实验时间

30分钟

实验材料

- 60 厘米长、直径大约 4 厘米的硬 PVC 管(在大多数管道五金商店或家居装饰店有售)
- 60 厘米长、直径 2.5 厘米的木销钉(旧的扫帚把就很合适,但是必须比 PVC 管口细)
- 圆橡胶气球,膨胀后直径介于 23—30 厘米之间
- 4 根粗大的橡皮筋
- 一卷管道胶带或者黑塑电工胶带
- 30 厘米长的蜡纸
- 剪刀

安全提示

请仔细阅读并遵守本书"实验前必读"中的"安全准则"。

实验步骤

1. 用剪刀剪掉气球末端的气嘴,得到一片圆的橡胶片。撑大气球开口,套在 PVC 管上。用 3 个橡皮筋缠在接口处,保证气球牢固地连在管的外壁上。

2. 将木棒慢慢塞进管子的开口端。它应该能在管子里自由地滑进滑出。如果木棒尺寸不合适,找更细的来用。将木棒推入管子一半的位置,看看气球发生了什么变化。

3. 从管子里抽出木棒。在木棒一端裹上胶带形成一个球形头。裹胶带的木棒直径应略小于管子的内径。每缠几圈胶带,停一下将其塞进管子,检查一下厚度是否合适。当胶带形成的圆头几乎充满了管子的内壁,停止动作。

4. 将木棒裹胶带的一端塞进管子口。用一只手握住管子,另一只手快速推动木棒至管子一半的位置。观察气球在你推进木棒的时候发生了什么变化。接着快速将木棒向管外拉出。在胶带圆头正好到管子出口的位置停下。观察气球

的变化。

5. 将木棒从管子里拉出。用蜡纸裹上木棒缠有胶带的一端。并用第四根橡皮筋在圆球之后的位置,固定住蜡纸。将木棒塞进管子,重复步骤 4。当你移动木棒进出管子的时候,注意气球状态的不同。

分　析

1. 当你将没有缠胶带的木棒塞进管子的时候,气球发生了什么变化?
2. 当你将木棒缠胶带的一端塞进管子的时候,气球发生了什么变化? 当你拉出木棒又发生什么情况? 为什么?
3. 放上蜡纸后,当你推动木棒进出管子,气球和木棒的状态有怎样的改变? 为什么?
4. 基于这个实验,分析为什么活塞与气缸恰如其分的结合是非常重要的?

实验中将会发生什么?

在这个实验里,裹有胶带的木棒代表活塞,封闭严密的管子相当于气缸。为了让活塞正常工作,它的直径必须只能稍微小于其活动的气缸。当汽缸内的气体体积减小,气体压力增加,气体被压缩。如果活塞比起气缸过于纤细,气体会很容易从活塞周围漏出气缸。在木棒一端缠上胶带后,活塞紧贴气缸,当你推进活塞时气球膨胀。自行车打气筒等装置就是这样工作的。你利用机械能向下压打气筒手柄,活塞将空气从另一端排出。

活塞也可以用相反的方式工作。在蒸汽发动机上,压力下的蒸汽通过与活塞相邻的进气阀流入气缸。蒸汽推动活塞向上进入气缸,与活塞另一端相连的杆带动曲柄或者轮子旋转。当活塞在气缸的远端,排气阀打开。这让蒸汽排出气缸,活塞回到初始位置。然后排气阀关闭,另一股气体从进气阀进入汽缸,重复循环。

活塞在气缸内前后的滑动,产生了大量摩擦,这会让活塞变热并且扩张。如果活塞扩张过多,将不再适合气缸,发动机就会停止工作。为了避免此类情况的发生,在气缸内使用油或其他的润滑剂。摩擦减少了,发动机在更冷却的状态下工作。在这个实验中,在木棒的一端裹上蜡纸就起到了润滑剂的作用。

实验结果

1. 没有缠胶带的木棒被推进管子,气球并不膨胀。
2. 当木棒缠有胶带的一端被推进管子,气球膨胀了。将它抽出管子,气球被"吸"进管子里。这是由于空气不再从木棒周围活动。
3. 蜡纸使木棒进出管子更容易,它充当了减少摩擦的润滑剂。蜡纸也使活塞和气缸封闭得更严密,当木棒在管子中进出移动时,气球膨胀或收缩得更快。
4. 如果活塞不适合气缸,气体会从它周围溜走,就不可能将气体压缩。

活塞在现代世界的应用

尽管蒸汽发动机被认为是过去的一项技术,当今世界仍有许多地方可以发现活塞的应用。自行车打气筒和气囊泵都是依靠活塞来工作,冰箱、冰冻机和空调的压缩机也是这样工作。无疑,今天活塞最普遍的应用是在汽车、卡车、摩托车甚至割草机的发动机上工作。多数这样的机车都装有利用活塞使其工作的内燃机。

内燃机比起蒸汽发动机更小、更轻、更有效率。1878 年,德国工程师尼古拉斯·奥托(Nikolaus Otto,1832—1891)研制出第一台实用的内燃机。与用外部巨大的锅炉制造蒸汽推动活塞不同,内燃机燃烧燃料。燃料和空气的混合物由阀门充入气缸,爆炸力和释放的热量让气缸内的空气快速扩张。扩张气体推动活塞上升进入气缸,这叫作动力冲程。活塞的底部连接曲柄杆,曲柄将活塞在气缸内向下拉回。这个时候,活塞将气体从第二个阀门推出,开始再次循环。

早期活塞驱动的发动机也存在问题。首先,由于活塞动力冲程只朝着一个方向,工程师必须找到一种方法,在发动机冲程之间平稳传递动力。他们也需要保持阀门的运动,以保证活塞能够回到气缸内的初始位置。随着一个叫飞轮的装置出现,这两个问题得以解决。在"实验 20 飞轮动量管理"中,你将有机会用一个简单的飞轮做实验,测试飞轮重量的改变将如何影响它保证发动机工作的能力。

实验 20　飞轮动量管理

题　目

飞轮的质量如何影响其保持转动的能力？

简　介

飞轮是许多现代机械的重要组件，一般由重金属比如铁或钢制成。飞轮使用动量保持运动，所有的运动物体都有动量。当你骑车滑行或者用滑板滑行，是你的动量让你保持前进。这两个情况下，你的动量使你保持直线轨迹运动。使用飞轮，动量可以使轮子旋转，这就是角动量。一个旋转物体角动量越大，它转得越久，越不容易让它停下来。在这个实验里，你将用陀螺做实验，通过测试看看质量如何影响飞轮的角动量。

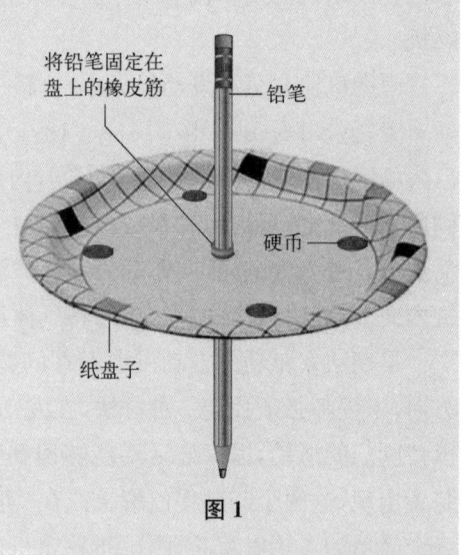

图1

实验时间

30 分钟

实验材料

- 直径 15 厘米的重磅纸盘
- 2 根粗大的橡皮筋
- 削过的新铅笔
- 图钉或按钉
- 尺子
- 有秒针的钟或表
- 8 枚 1 角硬币
- 一卷透明胶带

安全提示

请仔细阅读并遵守本书"实验前必读"中的"安全准则"。

实验步骤

1. 用铅笔和尺在盘子背面画一条线,将盘子分成两部分。垂直第一条线,画上第二条线,这样盘子被分成了 4 等份。两条线的交叉点应位于盘子的中间。用图钉尖小心地在盘子中央戳一个洞。

2. 翻转盘面向上。将铅笔尖从中心的洞穿过,在盘子底露出 5 厘米的铅笔杆。小心不要被铅笔尖戳到手。在位于盘面上和下的铅笔杆上分别缠橡皮筋。推动橡皮筋,使它们紧紧地贴在盘面上。必须足够紧,确保盘子不能在铅笔上移动。

3. 准备旋转陀螺。将铅笔尖向下,放在一个光滑的平面上。用手指拧铅笔使其运动起来。陀螺开始自己旋转起来。多试几次启动陀螺,直到你感觉很顺手。如果你注意到陀螺有比较大的摇摆,检查一下,确保铅笔穿过盘子的中心。如果没有摇摆,你将用另一只盘子,再次尝试。

4. 你将测试不同条件下,陀螺旋转的时间长短。试着每次用同样大小的力来旋转陀螺。在第一次测试里,简单地旋转陀螺。测定陀螺转了多少秒,并在数据表里记录下来。再重复这个实验两次,确保得到一致的结果。

5. 用胶带将 4 枚硬币固定在盘子向上的一面上。这些硬币应该两两相对,形成一个加号(+,见图 1)。将每枚硬币放在离盘子中心 5 厘米的地方。固定好硬币之后,用第一次测试相同大小的力,再次旋转陀螺。做 3 次试验,并在数据表中记录下结果。

6. 将其余的 4 枚硬币固定在陀螺上。要与原来的 4 枚硬币间隔放置。做完后,所有的 8 枚硬币均匀地放在陀螺上。用与前两次实验相同大小的力,转动陀螺 3 次,在数据表上记录下你的结果。

7. 取下陀螺右侧的 4 枚硬币,留下左侧的 4 枚。试着旋转陀螺,注意情形与前 3 次实验有何不同。

数 据 表 一

无硬币陀螺	实验 1	实验 2	实验 3
4 枚硬币陀螺			
8 枚硬币陀螺			

分　析

1. 为什么飞轮轴孔严格地位于轮子中心是非常重要的?
2. 硬币的数量如何影响陀螺旋转的时长?
3. 当你将 4 枚硬币放在一侧的时候,陀螺发生了什么情形?
4. 基于你对陀螺的观察,分析飞轮质量的大小和分布如何影响它旋转的方式?

实验中将会发生什么?

在这个实验中,旋转的陀螺就像发动机中的飞轮。飞轮质量越大,它旋转得越久越稳固,这是由于重的物体有更大的动量。动量是由移动物体的质量乘以速度来计算的。你可以通过增加移动物体的质量或者速度,来增加它的动量。人们发现在早期蒸汽发动机里,增加速度往往带来灾难性的后果。飞速旋转的飞轮经常分离或爆炸,伤人并毁坏厂房。工程师发现通过对轮子降速并加重,可以获得同样的动量,避免了潜在的灾难。

均匀地增加飞轮的质量是非常重要的。如果轮子的一边比另一边重,轮子就会失去平衡。这与偏心轴是一样的效果。不仅会使轮子摇摆,浪费了它储存的能量,而且不平衡的飞轮也有分离的趋势。

实验结果

1. 如果铅笔不是正好在中心,陀螺会摇摆,更快地失去动量。
2. 总的来说,陀螺上的硬币越多,它持续旋转的时间越长。
3. 当所有的硬币在一边,陀螺几乎根本不转。会摇摆并倒下去。
4. 假如质量被均匀地增加,飞轮有更大的质量,就会有更大的动量,旋转持续的时间也越长。

给发动机充电

这一章到目前为止,从水车和风车到蒸汽发动机和涡轮,我们已经看到力如何来驱动机器这么多年的演变历程。大多数发明都是建立在之前出现的技术上。动物绞盘引出水车,水车引出涡轮,活塞是由于扩张气体概念的出现。然而1799年,一种新的力量来源被发现,将工具和机器带到了一个全新的方向。那一年,意大利科学家瓦特(Alessandro Volta,1745—1827)发现了被称为电流的现象。在这个过程中,他发明了第一个电池。

电不是瓦特发现的,人们知道静电有几千年的历史。到了17世纪中叶,许多著名的科学家做静电实验,几个人甚至试图用它来驱动简单机械。使用静电的问题是如何利用电荷的移动。所有形式的电都包含了细小粒子的运动,这种粒子叫电子。

电子是原子的一部分,可以在所有的物质里找到。当电子在物体上聚集,静电就产生了。当过多的电子聚集到一个地点,它们彼此排斥并发生移动,然后物体"放电"。如果你在走过地毯后感到电击,你就体验到了静电的释放。所有的电子在能量突然爆发时一起运动。这使静电很难作为一个动力源。

电流也包含了电子的运动。这种情况下,不是电子突然地移动,而是在稳定的电流里移动,就像水在河里流动。在瓦特制造的第一个电池里,他发现通过金属和酸的化学反应,可以控制电子的流动。

当其他科学家了解了瓦特的发现,他们开始去试验这种新的动力源。1820年,丹麦科学家汉斯·奥斯特(Hans Christian Oersted,1777—1851)发现电流在线圈中流动,会将线圈变成磁铁。第一块电磁铁是电机的基础,电机是20世纪革命性的装置。在实验21. 制作迷你电机中,你将发现如何使用电磁铁旋转电机。

基于瓦特关于电流的发现,奥斯特继续研究发现电流可以产生磁场。

实验 21　制作迷你电机

题　目

电磁铁如何使电机转动？

简　介

电机为很多现代工具和机械提供动力。英国科学家迈克尔·法拉第(Micheal Faraday,1971—1867)在1821年造出了第一台电机,它不过是悬在一碗液态汞上的旋转线圈,但是它提供流通的电,这种电可以使物体运动。让电机旋转的关键在于,电磁铁产生磁场的方向。电磁铁只有在电流流过的时候才是磁铁。最简单的电磁铁是缠在铁芯或钢芯上的线圈。在这个实验中,你将使用电磁铁,去演示它如何使电机旋转。

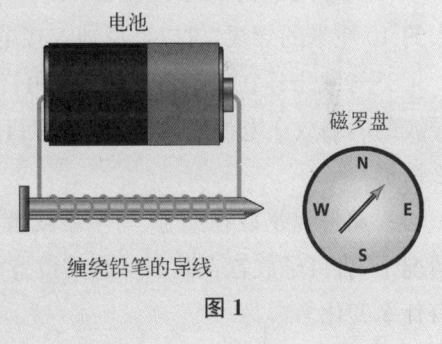

图 1

实验时间

30 分钟

实验材料

- 8厘米长的大钢钉
- 60厘米长、两端裸露的绝缘导线
- AA C 或者 D 电池
- 磁罗盘
- 3枚钢质回形针

安全提示

当导线两端接触电池,导线变热。小心不要烫伤手指!请仔细阅读并遵守本书"实验前必读"中的"安全准则"。

实验步骤

1. 将导线缠紧在钉子上,形成一个至少有15圈的线圈。在线圈两端,留出大约10厘米的导线,可以自由地连接电池。

2. 导线未连在电池的情况下,用钉子碰回形针,看看钉子是否有磁力。将导线的两端放在电池的两极上,拿着钉子再次靠近回形针,观察这一次发生什么情形。

3. 将罗盘平放在桌子、写字台或者相似的平面上。在线圈未连接在电池的情况下,将钉子放置在紧邻罗盘的位置,钉子尖接触罗盘的边缘。观察罗盘指针有什么变化。

4. 不要移动钉子,将线圈连接到电池的两极。观察当电流流过线圈,罗盘指针发生了什么变化。

5. 不要移动钉子,断开电池与线圈的连接,翻转电池。将线圈与电池两极再次相连,电池的顶端和底端与步骤4里相反。观察这一次当电流流过线圈,罗盘指针发生的变化。

6. 断开电池与线圈的连接,重复步骤4和步骤5几次。观察每一次你翻转电池方向时指针的变化。

分析

1. 当线圈与电池未连接，用钉子去接触回形针时，发生了什么情形？
2. 当你将电池与线圈连接，用钉子接触回形针时，发生了什么情形？
3. 当你在步骤 4 中将线圈与电池连接，罗盘指针发生了什么变化？
4. 当你在步骤 5 中，调换电池的朝向，再次将线圈与电池连接，罗盘指针发生了什么变化？
5. 基于你的观察，本实验中的罗盘指针与电机有多相似？

实验中将会发生什么？

电机旋转是由于两个磁场的交互作用。每块磁铁（包括电磁铁）都有称作极的两端，一端是北极，另一端是南极。当两块磁铁互相接近，异极相吸，同极相斥并分离。罗盘指针就是一个灵敏的磁棒，在圆周内自由地转动。当电流流过绕在钉子上的线圈时，钉子变成了临时的电磁铁，罗盘指针的一端被钉子尖吸引。当电池被翻转，电流以相反的方向通过线圈。这调换了电磁铁的两极。结果是，罗盘指针的相反一端被钉子尖吸引。

电机采用同样的原理工作，大多数基础电机有两种磁铁。集线器的外部是固定的，在上面的永久磁铁磁极相对分别向内指。在永久磁铁之间，是连接在转轴上的电磁铁。当电流流过电磁铁，它的两极与固定的永久磁铁两极相互作用，转轴转动。让内轴保持旋转的方法是，每当电磁铁转半圈，就改变电流的方向。这由一个叫作电流转换器的装置来实现，这个装置由美国发明家约瑟夫·亨利（Joseph Henry, 1797—1878）在 1835 年发明。短短几年后，电机就开始在全世界的工厂和车间里使用。

实验结果

1. 当线圈未与电池连接，钉子没有磁力，不吸引任何回形针。
2. 当线圈与电池相连，钉子变成了电磁铁。

3. 第一次将电磁铁靠近罗盘，指针的一端开始被钉子尖吸引。
4. 当电池的方向被改变，指针的另外一端被钉子尖吸引。
5. 罗盘指针就像电机的轴，在两个磁铁作用下旋转。

电机在现代世界的应用

在生活的各处都能够找到电机工作的例子，搅拌机、洗碗机、洗衣机和干衣机都装有电机，电动牙刷、电动剃须刀和吹风机上也有。在DVD播放机和录像机，甚至电脑打印机和复印机上也可以找到。在车间里，很多动力工具都由电机驱动，包括电钻、电锯、刨槽机和研磨机。电动草坪割草机和修枝剪上有电机，除草机上也有。

从电机到发电机

今天我们的生活中充满了靠电流工作的装置。所有的电来自哪里呢？回到18世纪早期，人们发现电池中的化学反应是产生电流的唯一方法。这满足了小型装置的需要，但是大型电机需要消耗更大的电池。人们需要另一种方法，不依靠电池来产生大量的电流。1831年，亨利和法拉第解决了这个问题。

亨利和法拉第分别发现，如果磁铁在线圈上经过，磁铁可以在导线内引起电流。由于电机就是被磁铁包围的线圈，不接通电源的情况下旋转电机轴，就会使电机产生电。换句话说，反转的电机就是真正的发电机。所有发电机需要使轴转动，这可以由手动曲柄、风车、水车甚至蒸汽发动机来完成。就像在本章前面提到的，大多数现代电厂使用蒸汽涡轮转动发电机。由于全球变暖，而且石油、天然气等矿物燃料的成本增加，更多的公用事业回归使用自然能源，如风能或水能来保证电机运转。

对工具和机械的控制

　　工具和机械变得越来越复杂,出现了新的问题。人们必须保持装置在可控范围内。控制不仅限于简单手工工具范畴。如果一个人使用一种工具,想让工具加速、减速或者停止,他简单的加速、减速或者停止即可,使用者可以直接控制。动物驱动的机械就有一点复杂,操作者必须控制动物去加速、减速或者停止。经常是通过牵拉缰绳、鞭子抽打和喂食来完成这个过程。

　　水车和风车被付诸使用后,对器械的控制变得更难了。人们需要监控机器,确保正常运转。如果一个机器转得太快或太慢,操作者调整齿轮、使用闸片、改变水或者风的方向,自然地调节速度。随着蒸汽发动机的推出,机器控制成为更加紧迫的问题。工人必须经常检查锅炉水位,保证水位不能下降得过低。他们也要观察气压,因为如果气压过高,锅炉就会爆炸。很多情况下,对蒸汽发动机的管理疏漏造成了整座建筑物被夷平和人员伤亡。

　　为了减少控制事故,发明家必须跟上新装置出现的脚步,使人们可以监控和测量机器的状况。很多这样用途的装置,不是测量仪就是测量表。在许多日常生活使用的装置上可以发现仪表。在"实验22 测量压力"中,你将用简单的气压计,帮你判断自行车胎是否处于正常运转状态。在"实验23 制作测量表"中,你会发现测量表如何利用电磁力去测量电流的大小。

实验 22 测量压力

题 目

测量仪如何帮你更准确地判断装置的性能？

简 介

测量仪和测量表被设计出来，可以更好地了解机器或者机器某部分的运行状况。测量仪通常被设计用于显示一些刻度信息，将实际情况与已知标准相对比。一个机器通常有几个测量仪工作。汽车通常有一个发动机温度仪、一个油压仪和一个油量仪。在这个实验中，你会发现为什么测量仪非常重要，有助于你自己判断自行车胎的所处状态。

实验时间

30 分钟

实验材料

- 手泵
- 自行车轮胎
- 胎压测量仪

安全提示

小心不要给车胎过度充气。请仔细阅读并遵守本书"实验前必读"中的"安全准则"。

实验步骤

1. 靠近观察你的自行车胎,检查要用多少磅的气压充满它。这个数字通常印在车胎的侧壁上,字母 PSI 之后。通过观察和感受轮胎,推断轮胎可以充到多满。

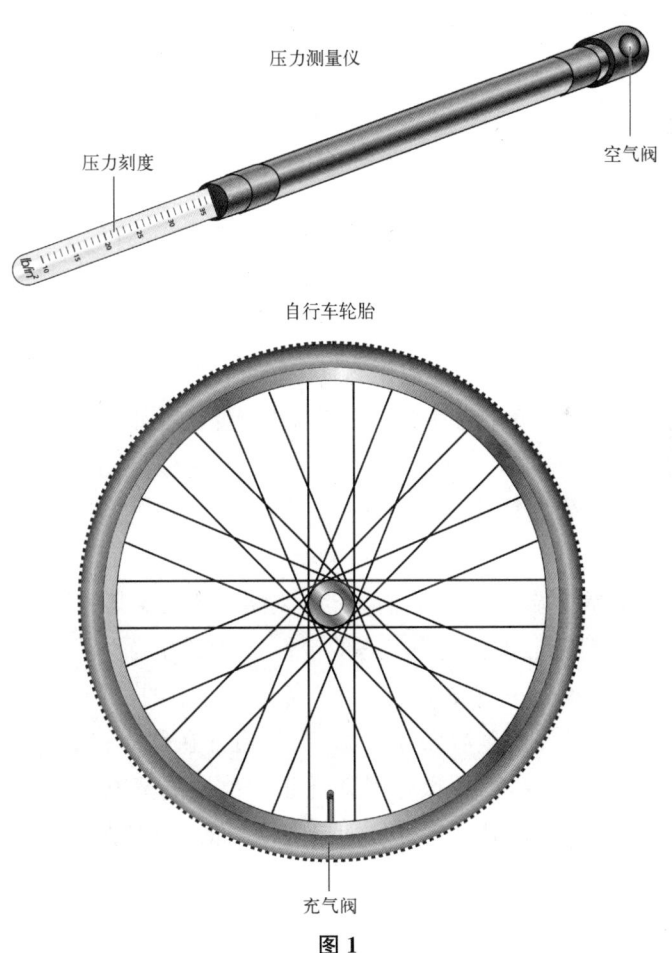

图 1

实验 22 测量压力 117

2. 拧下轮胎充气阀的帽,将胎压测量仪放在阀门上。当空气从车胎中出来,测量仪的指示器会准确显示车胎中有多少空气。观察这个数字,并与规定的完全充气量比较。

3. 用手指或者小块东西按在胎压测量仪的背面,放掉车胎里所有的空气。再次将胎压测量仪放在阀门上,测量一下没有气压的轮胎。

4. 将充气筒阀门与轮胎阀门接在一起,开始向胎内充气。等感觉充到一半的时候停下来。你可以用眼睛观察,或者用手去触摸轮胎来进行判断。那么,用胎压测量仪检测压力。如果你的判断是准确的,胎压测量仪应读出完全充气压力值一半的数值。

5. 继续充气直到你认为已经充满。重复步骤4,使用胎压测量仪看看你的判断是否准确。当你完成后,用测量仪和充气筒调节胎压到正常值,在阀门上拧紧阀门帽。

分 析

1. 当你第一次测量胎压,你的预测与测量值有多接近?
2. 在步骤4中轮胎充一半气,你的预测与胎压测量仪实际测量的精确值有多接近?
3. 在步骤5轮胎充满气,你的预测有多接近?
4. 基于这个实验,分析为什么测量仪对机器操作者如此重要?

实验中将会发生什么?

测量仪是非常重要的,因为它们显示了对机器或装置某一状态,数量上或数值上的测量。它们通常比对同一状态的定性描述更准确。测量仪完成的是测量中的猜测工作,对于一些被设计应用于苛刻条件下的机器来说,这是非常重要的。例如,许多机器用蒸汽做动力源,蒸汽通常在称为锅炉的装置里产生。所有的锅炉都有测量仪,因此操作者知道正常范围的蒸汽压力有多大。如果锅炉气压变得过大,锅炉就会爆炸。如果气压太低,则无法提供足够的动力使机器运转。

实验结果

1. 答案可能不同,但是大多数情况下预测值与测量值不准确相符。
2. 这个答案取决于你是否擅长判断胎压。
3. 比起步骤1,你的答案可能更接近实际值,这是由于之前的步骤给你提供了可以参照的信息。
4. 测量仪向机器操作者提供了机器运行时不同状态的资料。

实验 23　制作测量表

题　目

测量表如何监测电流？

简　介

测量表与测量仪相似，都被设计用于使操作者更了解机器或机器某一部分的运行状态。大多数测量表有一个数字或指针（转盘）的读数器，显示一系列数字。比如汽车有一个脉速表显示汽车移动速度，一个里程表显示汽车行驶了多远。很多汽车还有一个转速表，测量发动机转动有多快，一个电流表显示电池释放多少电力。大多数测量表依靠电流工作。在这个实验中，你将用罗盘、线圈和几块电池制作一个简单的电流表，并用它来做测量。

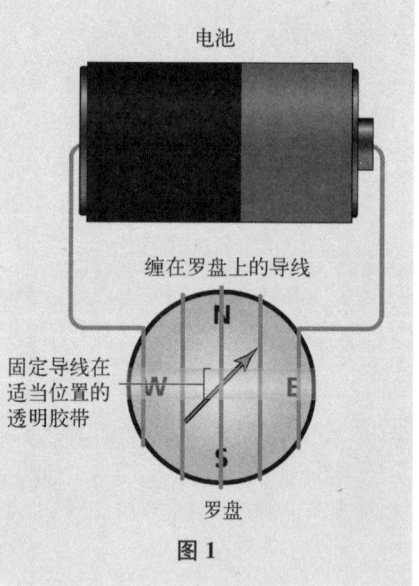

图1

实验时间

30 分钟

实验材料

- 新的 AA、C 或者 D 电池
- 使用过的(电量弱)的 AA、C 或者 D 电池
- 彻底失效的 AA、C 或者 D 电池
- 尺子
- 不贵重的磁罗盘
- 玻璃胶带
- 60 厘米长末端裸露相连的导线

安全提示

与电池的两端连接,导线会变热。注意不要烫伤你的手指。请仔细阅读并遵守本书"实验前必读"中的"安全准则"。

实验步骤

1. 从导线一端量出 15 厘米,从这开始将导线平行缠绕在罗盘上 5 圈。每圈相连,但是导线不能交叉。做完线圈后,应该剩下大约 15 厘米的多余导线。用胶带将导线固定在罗盘上。

2. 将罗盘平放在桌上。旋转罗盘,使指针与上方线圈平行。

3. 不移动罗盘,将导线两端分别连接在新电池的正负极上。观察当电池连接导线时,罗盘指针的变化,并记录。

4. 断开新电池的连接,用电量弱的电池和彻底失效的电池重复步骤 3。观察当每次你更换电池时,指针发生的变化,并记录。

分 析

1. 当你将全新电池和线圈连接时,罗盘指针发生了什么变化?
2. 当你将电量弱的电池和线圈连接时,罗盘指针有什么反应?
3. 当你将彻底失效的电池和线圈连接时,罗盘指针有什么反应?
4. 基于你的观察,罗盘指针的移动与电池电量之间存在什么关系?

实验中将会发生什么?

很多动力工具和机器都有测量表,供操作者监测工作状态。这些测量表有不同的服务功能,但是它们的测量通常建立在电路里流过的电流的量。电路里流过的电流越强,测量表值越高。这种最简单形式的电流测量表被称为电流表。

电流表由于电磁铁和永久磁铁的相互作用而工作。当电流流过线圈或者导线回路,在导线周围产生了磁场。这被称为电磁,只有在电流流过导线时才发生。电流越强,线圈周围的电磁场越强。电磁场有两端,被称为极。当两块磁铁相互靠近,异极相吸,同极相斥。当电流流过电流表,线圈的磁场和永久磁铁的磁场相互作用,导致永久磁铁或线圈移动,这个运动传递到表的指针。流过电流表的电流越强,两个磁场的相互作用越大,指针移动越多。

实验结果

1. 当导线与全新电池连接,罗盘指针旋转到垂直(形成直角)于线圈导线的位置。
2. 当导线与电量弱的电池连接,罗盘指针旋转,但是没有到连接新电池时的位置。
3. 当连接彻底失效的电池时,罗盘指针应该与线圈导线保持平行。
4. 流过导线回路(线圈)的电流越强,指针移动越多。

流动控制

测量仪和测量表让操作者监测机器的运转状态,但是它们只是控制过程的一部分。开动机器的人经常采取一些措施保证机器正常运转。在很多机器中,阀门是主要控制装置。阀门有几百种形状和尺寸,但是它们都被设计用于控制液体或气体的流动。

在"实验 22 测量压力"中,你使用了两种阀门来控制空气的流动。一个阀门让空气进出车胎,另一个阀门让空气进出胎压测试仪。阀门也可以用于控制液体流动。为了让汽车开得更快,驾驶者踏住油门。这直接或间接地打开了一个阀门,让更多燃料进入发动机。阀门是我们日常生活很重要的一部分。没有它们,你在洗手和使用厕所时都会遇到困难。每次你打开水龙头或冲马桶,都会用到阀门。在"实验 24 阀门如何控制液体流动"中,你将发现阀门是怎样控制液体流动的。

实验24　阀门如何控制液体流动

题　目

阀门如何控制液体的流动？

简　介

阀门是能在许多种工具和机械中发现的重要控制装置。阀门的主要作用就是控制蒸汽、汽油、水或者空气的流动。大多数阀门工作,是要限制在封闭管道或者膛内的气体或液体的流动。这可以由很多种方式实现。在这个实验中,你将构造出一个简单的阀门,看看它如何控制在两个容器间流动的水。

实验时间

45分钟

实验材料

- 1升的空汽水瓶
- 削过的新铅笔
- 一卷管道胶带

- 剪刀
- 2个400毫升的宽口塑料杯
- 水
- 尺子
- 水槽
- 铅笔

安全提示

请仔细阅读并遵守本书"实验前必读"中的"安全准则"。

实验步骤

1. 用剪刀除去瓶子的标签。从瓶口向下量出20厘米的位置,用铅笔(或钢笔)点上点儿。在铅笔印处剪掉瓶子底下的部分,瓶子的上半部分看上去像漏斗。

2. 剪下5条管道胶带,每条15厘米长。把它们放在台面的边缘上,因此不会折或者粘在一起。在铅笔上缠上第一条胶带,位置与铅笔上的橡皮擦相平。将第二条胶带缠绕在铅笔上,这条胶带的底端应该比第一条底端高2厘米,顶端应该与铅笔顶重合2厘米。将第三条胶带缠绕在铅笔上,这条胶带的底端应该比第二条底端高2厘米。重复这个步骤,直到你用完全部的5条胶带。用剪刀把突出铅笔顶端的胶带剪掉,边缘齐整。铅笔上的胶带应该呈锥形,最薄端靠近铅笔尖,最宽端靠近橡皮擦(图1)。

3. 握住剪切后的瓶子,瓶颈向下。将铅笔尖向下放入瓶子。让铅笔落在瓶子里一直到底。铅笔缠有胶带的一端陷入瓶颈,就像一个塞子。如果铅笔从瓶口滑出,再缠上一条胶带使其变粗。再试一次。不断地缠上

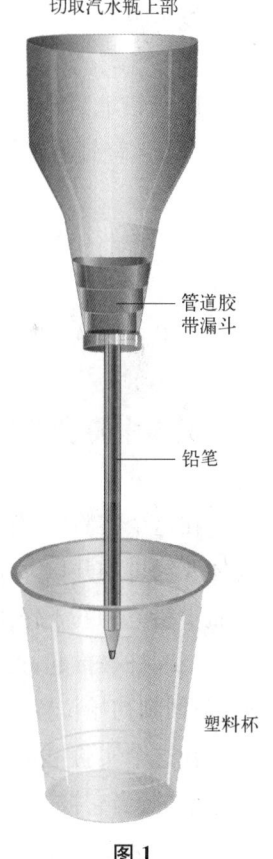

图1

胶带,直至铅笔不再穿出瓶口。

4. 向下拉动铅笔,使铅笔紧紧地堵在瓶口。拿住瓶颈,放在空的塑料杯子上方。将第二个杯子倒满水。将水倒入瓶子开口的一端,观察瓶里的水发生了什么变化。

5. 将瓶子上部降低放入空杯子,直至铅笔尖刚好碰到杯底。慢慢推着瓶子下降,于是铅笔滑入瓶子1/2厘米。观察瓶中水发生的变化。向上提起瓶子,至笔尖不再接触杯底。观察水的变化。

6. 倒空杯子,将水再倒入瓶中。重复步骤5,但是这次,用力向下推铅笔,使铅笔进入瓶子2厘米。比较与第5步中水流动的情形。

7. 倒空杯子,将瓶子放入水槽。打开冷水龙头,流出细流。当你逐渐打开水龙头至最大限度,观察水流。然后关上水龙头。

分 析

1. 当铅笔紧紧塞在瓶口的时候,瓶中的水有什么变化?

2. 当你轻轻将铅笔推进瓶子,水又怎样变化?当你向上提起瓶子,铅笔发生什么变化?

3. 当你将铅笔推进瓶子很深的时候,水如何变化?与步骤5比起来如何?为什么?

4. 基于本次实验,当水龙头被打开和关闭时,水龙头内部发生什么情形?

实验中将会发生什么?

在这个实验中,你制造了一个简单的装置,叫提升阀。阀门通过控制液体或气体要经过的开口大小,来控制它们的流动。在提升阀里,中轴叫作阀杆,起到了瓶中铅笔的塞子作用。

当阀杆被推起,产生一个气体或液体可以通过的开口。当阀杆的压力被释放,它回到初始位置。这阻塞了开口,使流动停止。

在这个实验里,缠有胶带的铅笔相当于阀杆。在提升阀里,阀杆的顶端是越来越细的;当它被推得更高,开口扩大,更多的液体或者气体可以流过。在汽车发动机上会设置提升阀,用来控制气缸内气体的进出。

实验结果

1. 当铅笔紧紧塞住瓶子,没有水流出来。
2. 当铅笔向上往瓶子里移动,少量的水流出。当瓶子被提起,铅笔回到瓶颈里,终止了水的流出。
3. 当铅笔被推进瓶子里更深,水流增大,因为开口变大了。
4. 当你打开水龙头,一个像塞子一样的装置移出阀门,这产生了水可以流过的出口。当你关上水龙头,塞子移动回到原位。

阀门在现代世界的应用

在任何涉及气体或液体流动的装置上,都可以找到阀门。为了完成一系列任务,工程师设计出各种各样的阀门。你家的水龙头和蒸汽散热器的控制阀,都叫作球阀。阀杆末端通常有一个逐渐变细的塞子或圆盘。当水龙头被打开,阀杆上的螺杆拉动塞子离开本位,打开阀门让液体流出。当螺杆被反方向转动,阀杆被推回,关闭阀门。

蝴蝶阀上没有阀杆。相反,控制要素是叫作蝴蝶的控制圆盘,在盘中央有一个小柱工作。这个圆盘以一定角度,被放入圆形的膛内。它被设计为来回"拍动",打开或者关闭阀门。这类的阀门通常用于控制气体流动。在火炉烟囱、暖气通风口和内燃机汽化器中,都可以找到它们。

在很多机器中,让液体或气体保持一个方向流动是很重要的。为了解决这个问题,工程师设计出了逆止阀。在大多数逆止阀中,控制要素看上去是有角度的拍动,这种拍动由它后面的气体或液体的压力来控制。如果由于某种原因,压力降低了,阀门自动关闭。这防止气体或者液体返回到管子中来。止逆阀有一系列的应用。在冰箱和空调的压缩机、自行车打气筒,甚至抽水马桶中,经常可以找到它们。

当蒸汽发动机第一次被应用,最重要的改进就是安全阀。安全阀放在锅炉上,防止由于气压太高而使其意外爆裂。大多数安全阀为工作而设计,就像你在实验 24 中制作的提升阀那样。它们的阀杆被弹簧或者砝码固定在适当的位置。大多数时间里,阀门是关闭的。如果在阀杆之下的压力过大,阀门被强制打开,释放一些蒸汽。虽然我们在家中没有许多蒸汽发动机,安全阀仍然在散热器、高压锅甚至茶壶上工作。

电路和开关

管子和通风口并不是控制流动的最重要部分。在电力驱动的机器中,电流的流动必须被控制,否则机器不能够正常工作。时隔许多年,电流通过导线被认为与水在管中流动相似。事实上,当托马斯·爱迪生(Thomas Edison,1847—1931)发明很多现代用的电力装置时,他也经常做出一些利用水力的模型。这些模型帮助他弄明白了电流流动的方向。

电气设备的基本设计要素叫作电路。电路是一个电流可以通过的闭合回路。大多数电路由导线组成,但是也包含其他的导体组件。导体是允许电流通过的物质。金属是导体。绝缘体是阻止电流的物质。绝缘体(如塑料包裹的导线)保持电不会流到电路以外。一些典型的绝缘材料是玻璃、塑料、橡胶和木头。

为了让电气设备正常运转,电路必须是完整的。电流需要回到它进入电路的位置。如果有间断或中断,电流停止流动,机器停止工作。这就是为什么设计开关的原因。开关让操作者可以随意切断电路。

开关并不是电气设备中唯一的控制装置。在很多情况下,操作者需要控制电机的速度,这是由不同的电阻器来完成的。电阻器削减或者阻抗了电路中的电流。在"实验25 阻抗电流的电阻"中,你将制造简单的不同电阻,测试它们如何改变电路中电流的大小。

实验 25　阻抗电流的电阻

题 目

可变电阻如何工作以改变电路中的电流？

简 介

当人们使用电力装置,他们经常需要控制电路中的电流,一种方法就是控制电路中不同位置的电阻。电阻是电流通过导体的难度,电阻越大,电流越难流过。一种控制导线电阻的办法就是使其变细。就如同更细的管子限制了水的流量,细导线形成了对电流更大的阻抗。

有的时候,比如人们使灯变暗或改变电机速度,都需要临时改变电路中的电流。这可以通过加上一个叫可变导体的装置来实现。可变导体就像一个电动阀,它增加或减少了电路中的电流,就像阀门控制管道中流动的水量。

在这个实验中,你将制作一个简单电阻,并测试它如何控制电流。

实验时间

45 分钟

实验材料

- 30 厘米长塑料尺
- 一卷长 15 米、直径 30 毫米的漆包线
- 细砂纸
- 剪刀
- 两个晒衣夹
- 带电池槽的 D 电池
- 带底座的手电筒灯泡
- 3 段 30 厘米长钩在一起的导线
- 一卷透明胶带

> **安全提示**
>
> 请仔细阅读并遵守本书"实验前必读"中的"安全准则"。

实验步骤

1. 首先制作电阻。从线轴的一端量出 5 厘米。从这一点开始,将导线绕在尺子上,做成沿着尺子长度的导线圈。每个线圈间隔 2 毫米,但是它们不能够贴上或者彼此交叉(图1)。你需要缠上至少 100 圈。当你完成线圈制作,放出另一端 5 厘米的导线。用剪刀将导线从线轴上剪下。分别用晾衣夹夹在尺的两端,防止导线松散开。

2. 翻转尺子,用透明胶带沿尺子全长粘住导线。将尺子翻转,正面向上。用细砂纸轻轻打磨线圈的顶面,去除绝缘磁漆。不要太用力打磨。如果力太大,会使导线断开。当你去除线圈顶面的绝缘层之后,打磨导线的两端。当你完成打磨,将电阻放在一边,制作电路的其他部分。

3. 用剪刀将 3 段电线末端 1 厘米的绝缘层剥去。确保电池紧紧嵌在电池槽里,灯泡紧紧嵌在底座里。用一根导线将底座与电池槽相连。用第二根导线连

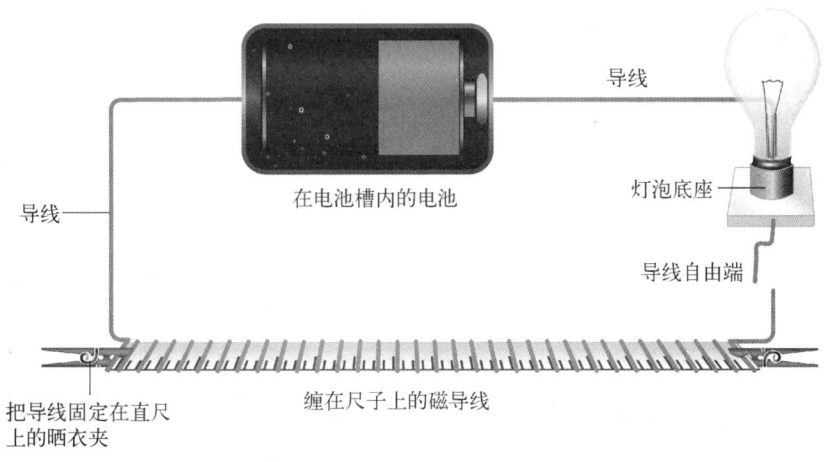

图 1

接底座另一端,第三根导线连接电池槽另一端。碰触线圈的两端检查电路。灯泡应该发亮。如果不亮,保证所有的连接紧密,在连接处只有裸露的金属导线(图1)。

4. 将与底座连接的导线自由端、电阻端的两根导线拧在一起。确保在连接点,所有的漆都被去除了。将与电池槽连接导线的自由端与电阻相连。灯泡应该发亮。观察灯泡的明亮程度,比较一下步骤3里灯泡的亮度。

5. 将导线自由端顺着尺子向刻度小的方向慢慢移动,要挨着线圈顶面,保持电阻的一端始终接在底座上。接触磁导线的时候,保证接触点就在你磨掉绝缘磁漆的地方。当你滑动导线,减小电阻长度,观察灯泡的明亮程度。

6. 当你移至尺子的远端,用导线自由端接触尺子远端的尖端。观察灯泡的明亮程度。试想一下,如果你将导线滑回电阻另一端,灯泡明亮程度会如何变化。当你假设完毕,将导线移回尺子的另一端,观察结果如何。

分 析

1. 步骤4与步骤3中灯泡亮度量相比如何?

2. 当你顺着尺子滑动导线自由端的时候,灯泡明亮程度有何变化?你认为为什么会发生这样的情形?

3. 什么时候灯泡最暗?为什么?

4. 当你将导线移回尺子起点的位置,灯泡明亮度有何变化?为什么?

5. 基于这次实验中你的观察,你认为调光器和电扇的速度控制器工作是什么情况?

实验中将会发生什么?

在这个实验中,你制作了一个装置叫可变电阻或者分压计。可变电阻是很多电气设备的重要部件。在机器中,它们控制电机的速度。在收音机和电视机中,它们控制音量。在灯具上,它们充当调光器。可变电阻通过改变阻抗来控制电路中电流的量。导线的电阻由很多因素控制,包括导线长度、粗细和由什么金属制成。在这个实验中,你通过改变导线的长度改变电阻。当你将导线的自由端从尺子的一端滑到另一端,电流需要通过更多的线圈。这增加了电流需要通过导线的长度,增加了电路中的电阻。这导致了通过灯泡的电流减小,结果是灯泡变暗。

与尺子是直的不同,很多电气设备的可变电阻是圆形的。转动旋钮控制这类电阻。线圈缠在曲面的绝缘的纤维条上。一个金属滑块连接在旋钮上。当它从线圈上移过,就改变了电阻。在一些可变电阻里,取代线圈的,是滑块在碳棒上经过,从而改变电阻。

实验结果

1. 在步骤 3 和 4 中,灯泡同样亮。
2. 当你沿着尺的长度,移动导线,灯泡变暗。电需要流过更长的导线。
3. 当导线接触尺子连接底座相对的一端,灯泡最暗,此时电流通过的导线最多,产生了最大的电阻。
4. 当移动导线靠近尺子的第一个连接点,灯泡逐渐变亮,这是由于导线变短,电阻变小。
5. 当你转动调光器的旋钮,你增加了电路的电阻,使灯变暗。

感测周围

阀门、开关和可变电阻向现代机械提供了很多控制,但是它们通常不单独工作。在很多情况下，这些控制装置被另一种叫作感应器的器件触发。就如同名字一样，感应器工作起来就像你的一种感觉。它收集一种或更多工作状态信息。然后将其与提前选定的标准相比较。基于这种比较，采取一些行动。感应器收集一系列信息，包括风速、气压、盐分和空气中氧的含量。在今天，机器上两种最普通的传感器是恒温器和光电管。

很多人熟悉恒温器是因为它们存在大多数家庭里。恒温器被设计用于监测温度。它们通常连接在加热系统和空调上，如果温度太热或太冷，触发开关打开或者关闭部件。恒温器不仅仅存在于建筑物中，在发动机和电机中，它也频繁地被发现，用于保持工作温度恒定。如果温度太高，恒温器会触发开关，打开自动制冷系统。否则它可以关闭装置直至恢复到常温。

没有恒温器去管理温度，电机会烧坏。光电管有时候被称为"电子眼"。就如同人眼，它们感知光线。当光照到光电管，产生了电流。光越亮，产生的电流越大。人们有极大的兴趣来使用光电管借助太阳光发电。如果你有一个太阳能装置，动力将来源于太阳。光电管也可以用于根据光线变化触动开关，天色变暗的时候，用光电管这个原理，使灯自然打开。在复印机、传真机和彩色印刷机上也可以找到光电管。光电管还是烟感器的不可缺少的重要元件。

编织未来

我们已经征服了大片的土地。在重要工具和机械的历史演变中,科学在背后起到很大的作用。新机器似乎随处就能突然冒出来,去从事各种工作。大到用于移山的巨型挖掘机,也有的小到可以放入人体。我们在太空、海底甚至活火山的环境里使用机器。我们也用一些机器制造其他的机器。

当我们展望未来,很难知道哪一种工具和机器的演变是主要的。过去两个世纪技术的发展趋势提供了很多线索。现在就让我们看看一些最近的技术发展,它们又将我们带入未来的何方。

自动化行为

当机器被用于替代人或动物去工作,自动化和机械化便诞生了。这两个词语有时互换使用,但是它们也不尽相同。机械化在机器代替人和动物工作的时候发生。在这个定义下,使用任何工具或机器都适合需要。从齿轮、滑轮和杠杆的第一次使用开始,一直到今天,机械化工作已经延续了数千年。

自动化有一点复杂。在一个真正的自动化机器中,会发生3种情况。第一,机器需要外部动力源,使它实现一些功能。第二,机器需要一个反馈系统,因此它可以在自己的控制下运转。第三,机器是需要程序控制的。

今天工厂和公司里大多数自动化机器,被设计用来使电成为能源。这是由于电可以应用于许多不同的方式。它可以用来加热、熔化金属、驱动电机。电机旋转进而向泵、传送带、风扇和齿轮提供动力。电也在控制机器方面提供了很多好处,如很多电动的测量表、测量仪和感应器。自动化机械可以完成数百种工作。最普遍的两种,是加工材料和从一个地点到另一个地点传输材料。材料加工涵盖了一系列工作,巨型机械将大块钢板压弯做成汽车保险杠,一些机器从鸡身上拔毛。自动化机械帮助我们生产出很多今天使用的物品。

包括自动化设备的流水线将零件从一个地方运到另一个地方,如图这是丰田标致雪铁龙汽车厂的流水线。照片摄于2008年捷克共和国。

如名字体现的那样，材料传输包括使用自动化机械将物品从一个地方移动到另一个地方。流水线上零件按一系列步骤添加到产品上，传输就显得尤其重要。传送带、链斗和一些专门的移动机械臂都是自动使物体移动的装置。

反馈

当不小心将麦克风放在音箱前面，会发出刺耳的声音，这时人们通常想到"反馈"。尽管词语是一个，但是自动化中的反馈与声音无关。反馈系统或反馈循环是一个机器如何来管理自己。

大多数反馈控制系统至少有4个组成部分。第一部分，某种输入。这是一个数值或者多个数值构成的标准。可以是理想的温度、最佳速度或者最大压力。下一个部分是感应器，监测机器的工作状态并收集数据。这些数据叫作输出，感应器将其发送到中心控制器。第三部分，控制器从感应器获取数据，并与输入数值对比。如果输出符合输入，不需要采取任何行动。如果输出与输入不同，那么控制器向另外一个叫作促动器的装置发送信号。促动器以某种方式改变机器的工作状态。在这点上，随着感应器显示出新一组读数，循环重新开始。这被称作反馈循环，信息从控制器返回机器，保证它在控制之内。

在很多现代机械上，计算机承担了反馈控制的工作。但是早在计算机出现以前，已经有了控制系统。第一个系统被应用于蒸汽发动机。

早期的蒸汽发动机的运转产生了许多问题。如果锅炉内蒸汽压力变得太高，或者飞轮转得太快，发动机都会爆炸。必须有人一直看守发动机，转动阀门以调整它的压力和速度。如果工人精力不集中或者离开岗位，就会发生可怕的后果。于是人们需要有一种方法，来自动控制进程。

在18世纪80年代，苏格兰工程师瓦特发现可以利用发动机速度来控制发动机内压力。他给蒸汽阀门设计了旋转环。用皮带连接旋转环和发动机飞轮。当发动机转动，旋转环也转动。旋转环顶上，是两个重金属球连在控制杆上。发动机转得越快，球飞出越远。当它们飘起来，控制杆打开阀门，释放出锅炉内过多的蒸汽。这降低了压力，使发动机慢下来。同时，球（被称为飞球）也慢下来，使阀门关闭。很快，压力增大，发动机又开始加速。

只要发动机转动，瓦特的发明——称为飞球式调速器——就可以控制压力和速度。当飞球式调速器完美出现之后，蒸汽发动机有了更多的用户亲和性。

在蒸汽泵发动机上的瓦特飞球式调速器,控制压力和发动机的速度。

这个发明不仅挽救了生命、减少了财产损失,也促进工业革命快速发展。

早期人们普遍认为所有的控制装置是现代机械的反馈元素。测量仪和测量表用作感应器,向电子控制器提供数据。调温器和光电管用于在热量和光线条件改变的时候控制开关。从19—20世纪,尽管反馈系统的发展提高了很多机械的自动化水平,但是机械程序化能力才真正体现了自动化的意义。

机械编程

目前,人们通常将程序这个词与计算机联系起来。然而,在一个自动化机械里,程序是遵循一定顺序的一套简单指令。机械编程经常与反馈系统息息相关。这是由于每个新指令都是新输入的数据源,要被评估和控制。法国发明家约瑟夫·查卡(Joseph Marie Jacquard,1752—1834)在1805年发明了第一台真正的程控机械。提花织机使布料产生复杂的花纹。在查卡之前,让布料带有复杂花纹需要浪费很久的时间。如果操作者想要在手工织机上改变花纹,她必须完全停下织机,选择每次穿梭需要用哪种染色的丝线。

为了加速流程,查卡设计织布机隔着一系列穿孔钢卡运行。每张卡上刻有不同纹理的洞孔,控制织布机每次穿梭要用哪种线。通过改变卡片顺序,提花机可以改变织物的花纹。织布机的这个发明至今沿用,提花织物如缎子和织锦,在织布机发明后得名。查卡用打孔卡存储程序信息的想法后来被英国科学家查理斯·巴贝基(Charles Babbage,1971—1867)引用,建造了第一台分析机,也就是现代计算机的先驱。

计算机出现的理由

很难想象世界没有计算机会如何。不仅我们使用它们上网冲浪、玩游戏和给朋友写邮件,而且计算机将工程师自动化能力提高到了新的水平。在现代计算机发明之前,工厂里大多数机器在一个固定自动化系统内工作。它们被设计按照预置顺序,去完成有限的几种任务。例如,制作纽扣的机器每次只能制作一种类型的扣子。如果需要生产不同类型的扣子,机器必须停下来,操作者重新安装齿轮、凸轮和其他机器部分,去制造新型的扣子。当新的装置安装妥当,机器再次开动,只能制造这种新型的扣子。

电子计算机发明后,自动化有了向前的飞跃。由于计算机是可编程的,工程师可以设计机器做各种各样的工作。从20世纪70年代早期开始,计算机辅助设计和计算机辅助制造领域(缩写为CAD/CAM)彻底改革了产品制造方法。CAD/CAM装置提供了灵活的程序,使改变产品制造设计更容易、更快捷。利用这个原理最重要的装置就是程控铣床。

就像今天许多现代机械奇迹,铣床在不久前刚出现。伊莱·惠特尼(Eli Whitney,1765—1825)在大约1818年,发明了第一台铣床。在这里,铣是指将金属、木头和其他材料切削成特殊形状的过程。铣经常用于制造枪支、汽车或其他机器的复杂部件。最终复杂形状的部件需要用手制作,或者用叫作车床的工具。

用车床时，要塑形的物体被夹在两个轮子中间，并且飞速地旋转。然后切屑刃压在物体上，切掉多余的材料，直到形成想要的形状。车床只能沿着一个方向切削。然而，如果零件有复杂的形状，需要几次从不同角度放置，适当地切削。用车床制造的零件，通常用手完成。而且因为每个零件都被单独制造，没有哪两个部件是完全一样的。

惠特尼试着提出为美国军方大规模制造枪支的方法。军方需要有可拆换零件的枪支，如果枪的一个零件坏了，可以拆换这个零件而不是整杆枪。这意味着要换的零件必须相同。惠特尼通过反向转动车床解决了这个问题。与让材料旋转不同，他设计了旋转的刀刃，就像一个大钻。要被塑形的材料（被称为毛坯）以不同的角度压在刀刃上。

大多数现代铣床被可编程的计算机控制，计算机采用叫作数字控制的程序制作零件。数字控制就是对应要加工毛坯上的点，生成一组数据编码。每一点被三维定义。有点像在X-Y轴上标记一点，但是还有第三维（Z）表示深度。用这些数字，计算机指导机器朝什么方向转动物体，并向刀刃里推进多深。一旦机器完成了所有正确的切削，零件退出，新的毛坯进入。由于每个零件都用同样的编码，零件都是相同、可替换的。

机器人的出现

除了灵活的编程，计算机给了自动化机械做决策的能力。当这个被实现，机器可以变成机器人。机器人这个词语，来源于捷克语"robota"，意思是"强制的劳力"。第一次使用是在1920年所写的一部叫R.U.R（罗苏姆的万能机器人）的剧本。描述了一群类人的机械劳动者，服务于它们的人类主人。让一些类人的有生命的机器来为我们工作，这个观点并不新鲜。在一些远古文化中，可以找到石人或泥人被赋予生命，为人类主人服务的故事。到了中世纪，欧洲的艺术家和工匠造出了机器人，用齿轮、滑轮和杠杆使它们移动，模仿人和动物的活动。这些装置作为"机器人"而出名，但是它们更多用于娱乐而不是劳动力。

机器人不过是自动操纵的、程控机器，可以代替人类工作，有做决策的能力。

现代自动化机械与机器人的区别越来越小了。有时候很难将一个与另一个区别开来。但机器人可以被"教授"新任务。而且机器人的反馈系统通常更精细。面对多个选项,它们能够选出最佳的行动步骤。这让机器人在无人参与情况下解决很多问题。

正在检查焊接缝的这个机器人超声波检测仪是现代工业机械人的一个例子。这个机器,用于在核电站检测建筑,探测焊接缝是否有薄弱的地方。

现代工业机器人看上去一点也不像人的样子。最普遍的现代机器人装有巨大的机械臂,末端配有各种各样的附件。这些装置可以提升或者旋转重物,焊接,钻孔,打磨金属甚至喷涂。使用机器人代替人类的最大好处是,机器人从不会疲劳和厌倦,而且可以在危险的环境下工作。

1961年,乔治·德沃尔(George Devol)发明了第一个工业机器人。一年内,通用汽车公司开始使用德沃尔的机器人在汽车流水线上工作。这些早期的机器人功能有限,因为它们的内存很小。大部分时间它们承担的工作只有简单的几步,比如在汽车车身上焊接同一点。如果要求机器人去做不同的工作,那么它整个的内存都要被更换。

当计算机开始越来越强大,它们的内存也越来越大,机器人变得更智能了。今天的机器人可以从事多种工作,被培训承担新任务。机器人不仅应用在工业领域,专门的机器人还被用于拆除炸弹、移动放射性废物,甚至在火山中测取读数。机器人也被用于探索海底和火星表面。

现在,机器人学正在以难以跟上的神速发展。拥有像电影星球大战中C3PO那样久经世故的机器人依然需要等待未来,但是科学家已经制造出了类人的机器人,它们可以走路、说话甚至上楼梯。他们也设计了很多机器人,看上去像昆虫、狗和其他动物。我们甚至有机器人真空吸尘器清扫地板。机器人现在正被制造出来做老人的伴侣,料理智力残障人士的日常生活等。

纳米技术

当提及工具和机械的未来方向,纳米技术是最有发展前途的新构想之一。纳米技术涉及有关制造极其细微装置和机器的工程领域。它通过对原子和分子的处理,来制造尺寸小于100纳米(nm)的材料、装置和系统。一纳米等于十亿分之一(1/1 000 000 000)米。你头上的每根头发大约1万纳米粗!

纳米技术仍在起步时期。事实上,你可能在你的字典里找不到这个词语;这个词语在20世纪80年代前都不存在。迄今为止,纳米技术对我们生活的主要影响,体现在特殊性能微材料的发展上。这包括如阻隔阳光的防晒油中的粒子,油漆和黏合剂中的阻燃材料。在不远的将来,工程师希望研制一些机械装置,可以担任微观电机、开关和感应器。纳米技术最大的好处就是,更小、更轻的机器会更节能。当技术成熟之后,生产成本就会降低。一个梦想就是制造与生命细胞一样大小的机器,这样一来医疗装置就可以植入人体,就像使用注射器那么简单。

你或许已经猜到,移动单个原子和分子到恰当的位置要求高度专业化工具。科学家们已经使用精密的装置,比如纳米尺度的原子力显微镜和扫描隧道显微镜。科学家越熟悉纳米尺度的工作环境,就越有希望研制出新的工具和技术,使生产流程更简单。不远将来的某一天,特殊激光有可能使你搭建原子,就像今天用建筑材料盖楼一样简单。

主题总结

当我们结束了对工具和机械世界的探究,很重要的是要记得它们在我们日常生活中扮演着重要的角色。没有工具,甚至最简单的任务也是难以完成的。如烹饪、清扫和料理花园这样的工作要用几个小时。没有机器,我们几乎没有舒适的生活来享受。几乎我们依靠的每种产品,从床和毯子到汽车和计算机,都是由自动化机器大规模生产出来的。工具使人类从游牧的拾荒者到世界的"主宰者"。工具和机器改变了我们手中的力量。然而这个力量并不总是起到积极作用。大型挖掘机从地下采掘煤炭,但是也留下了空陷的土地。电厂燃烧燃料向我们提供生活用电,但是它们也污染空气和水,改变了全球气候。

对于所有机械,我们必须权衡利弊。有时候我们太忙于关注有些事能不能做,经常忘了去想是否应该去做。在我们现代社会,微处理器和机器人学已经使发明从前科幻中的机器成为可能。纳米技术中的新发现几乎开创了我们从未想过的制造业新道路。当工具和机器继续变革,我们也要看到这些新技术的成果。

我们的世界面临着很多挑战。我们需要解决数百万人口的净水和食物供给问题。我们需要解决在不导致全球气候灾害前提下,如何提供能量保证人类正常生活的问题。通过利用工具和机器,我们要应付这样或那样的挑战,让我们的世界变得更美好,让地球成为所有人的富饶星球。